U0088474

讀品文化

羅斯福五歲時跟隨父親去見當時的總統克利夫蘭，總統曾給他一個奇怪的祝福：

「祈求上帝永遠不要讓你當美國總統。」

可是，羅斯福卻成了美國歷史上執政時間最長的總統，也是最有威望的總統之一。

頓被認為比愛因斯坦更具影響力。

稱做「太陽王」的路易十四，
僅締造了法國封建史上最鼎盛的時期，
在宮廷裡掀起了一股「金光四射」的奢靡之風，
把這股風氣吹遍了整個法國大地。

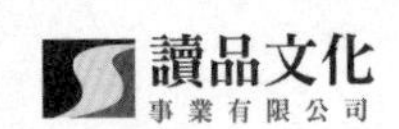

永續圖書線上購物網　讀品文化事業有限公司

WWW.foreverbooks.com.tw　yungjiuh@ms45.hinet.net

精選故事系列 19

微歷史：世界名人經典小故事(上)

編　　著　吳明山
出 版 者　讀品文化事業有限公司
執行編輯　廖美秀
美術編輯　林于婷

社　　址　22103 新北市汐止區大同路三段 194 號 9 樓之 1
TEL／(02)86473663
FAX／(02)86473660
總 經 銷　永續圖書有限公司
劃撥帳號　18669219
地　　址　22103 新北市汐止區大同路三段 194 號 9 樓之 1
TEL／(02)86473663
FAX／(02)86473660
出 版 日　2013年10月

法律顧問　方圓法律事務所　涂成樞律師
CVS代理　美璟文化有限公司
TEL／(02)27239968
FAX／(02)27239668

國家圖書館出版品預行編目資料

微歷史：世界名人經典小故事 /吳明山編著.
-- 初版. -- 新北市 : 讀品文化, 民102.10
面 ;　公分. -- (精選故事系列 ; 19)
ISBN 978-986-5808-21-1(上冊：平裝)
1.世界傳記 2.通俗作品
781　102016413

CHAPTER 01

政治家逸事 權傾一方的人們

008 古希臘奴隸主民主政治傑出代表｜**伯里克利**

010 屠夫｜**希律王**

012 暴君｜**尼祿**

014 童貞女王｜**伊莉莎白一世**

016 在位72年的「太陽王」｜**路易十四**

019 《獨立宣言》起草人｜**湯瑪斯・傑佛遜**

023 印第安人殺手｜**安德魯・傑克遜**

026 騎在馬背上的「世界靈魂」｜**拿破崙**

029 美國國父｜**喬治・華盛頓**

032 偉大的解放者｜**亞伯拉罕・林肯**

040 鐵血首相｜**奧托・馮・俾斯麥**

042 白宮冰人｜**班傑明・哈里森**

044 大胖子總統｜**威廉・霍華德・塔夫脫**

046 老羅斯福｜**希歐多爾・羅斯福**

048 無產階級革命領袖｜**列寧**

050 沉默的卡爾｜**約翰・喀爾文・柯立芝**

052 最偉大的英國人｜**溫斯頓・邱吉爾**

057 執政時間最長的美國總統｜**富蘭克林・德拉諾・羅斯福**

061 演員出身的美國總統｜**羅奈爾德・威爾遜・雷根**

065 甘迺迪家族的驕傲｜**約翰・菲茨傑拉德・甘迺迪**

069 模範卸任總統｜**詹姆斯．厄爾．卡特**

072 英國溫莎王朝第四代君主｜**伊莉莎白二世**

CHAPTER 02 **哲學家逸事**
哲學家的烏托邦式狂想

078 晦澀哲人｜**赫拉克利特**

080 西方哲學的奠基者｜**蘇格拉底**

085 蘇格拉底最有名的學生｜**柏拉圖**

087 犬儒｜**第歐根尼**

091 逍遙學派創始人｜**亞里斯多德**

094 中世紀哲學之父｜**約翰．斯考特．愛留根納**

096 古典經驗論的始祖｜**法蘭西斯．培根**

098 我思故我在｜**笛卡爾**

101 西方近代哲學史重要的理性主義者｜**巴魯赫．斯賓諾莎**

103 十七世紀的亞里斯多德｜**萊布尼茲**

105 貝克萊主教｜**喬治．貝克萊**

107 法蘭西思想之王｜**伏爾泰**

110 蘇格蘭啟蒙運動代表人物｜**大衛．休謨**

114 浪漫主義運動之父｜**讓．雅克．盧梭**

118 德國古典哲學的創始人｜**伊曼努爾．康德**

122 「凡是合理的都是存在的，凡是存在的都是合理的」｜**黑格爾**

124 悲觀主義哲學家｜**亞瑟．叔本華**

128 上帝死了｜弗里德里希·威廉·尼采
131 無神論者｜伯特蘭·羅素

CHAPTER 03 科學家逸事
科學怪傑的故事

136 力學之父｜阿基米德
141 比別人看得遠，是因為站在了巨人的肩上｜艾薩克·牛頓
145 最富有的學者，最博學的富翁｜亨利·卡文迪許
149 諾貝爾獎創始人｜阿爾弗雷德·伯納德·諾貝爾
154 有史以來最偉大的發明家｜湯瑪斯·阿爾瓦·愛迪生
157 遺傳學之父｜湯瑪斯·亨特·摩爾根
160 近代原子核子物理學之父｜歐尼斯特·盧瑟福
162 現代物理學之父｜艾爾伯特·愛因斯坦
167 宇宙之王｜史蒂芬·威廉·霍金

CHAPTER 04 文學家逸事
千古筆墨外，文人多逸事

172 西方寓言鼻祖之一｜伊索
176 中世紀最後一位詩人｜阿利蓋利·但丁
180 戲劇之父｜莎士比亞
182 一個獨來獨往的人｜莫里哀

184 諷刺文學大師｜**喬納森·斯威夫特**
186 浪遊者在法蘭克福｜**約翰·沃爾夫岡·馮·歌德**
189 俄國文學之父｜**亞歷山大·謝爾蓋耶維奇·普希金**
191 俄羅斯的狄更斯｜**果戈里**
195 高產作家｜**查爾斯·狄更斯**
198 偉大的民族詩人｜**米哈依爾·尤利耶維奇·萊蒙托夫**
200 現代現實主義戲劇的創始人｜**亨利克·約翰·易卜生**
202 美國文壇鉅子｜**馬克·吐溫**
205 自然主義奠基人｜**埃米爾·左拉**
207 短篇小說之王｜**居伊·德·莫泊桑**
210 20世紀的莫里哀｜**喬治·伯納德·蕭**
214 福爾摩斯之父｜**亞瑟·柯南·道爾**
217 三大短篇小說巨匠之一｜**安東·巴甫洛維奇·契訶夫**
219 人世間的挑剔者｜**威廉·薩默塞特·毛姆**

政治家逸事

MICRO - HISTORY :
STORIES OF WORLD'S
FAMOUS PEOPLE

權傾一方的人們

CHAPTER 1

POLITICIAN

PHILOSOPHER

SCIENTIST

LITTERATEUR

古希臘奴隸主民主政治傑出代表

伯里克利

他是誰

伯里克利（約西元前495年～西元前429年）古希臘奴隸主民主政治的傑出代表，古代世界最著名的政治家之一。

以德服人

伯里克利經常和普通百姓交流，耐心聽取他們的意見，因此深得民心。為此，很多人感到不解，經常會有人反對他，伯里克利即便遭受辱罵，也從不動怒，更不會隨意抓人。

一天晚上，在他回家的路上，一個貴族跟在他身後不停地辱罵他：「你這個瘋子！無恥之徒！你出身名門貴族，卻忘掉了自己的朋友，去結交那些下賤的百姓！」

這個人就這樣一路尖聲叫罵著，情緒憤怒，一路辱罵伯里克利，直至他家門口。然而，伯里克利是怎麼回應的呢？他看到天色已晚，便吩咐僕人打起火把，把罵他的人護送回家。

嚴於律己

伯里克利對自己要求非常嚴格，在當權的十幾年裡，從未參加過別人的宴會。他接受的唯一一次邀請，是侄兒的婚禮，可是沒等吃飯就提前離開了。

據傳說，伯里克利在雅典只熟悉一條路，即通向能和群眾接觸的廣場和五百人會議的路。

反對者

當時，雅典的很多貴族無法接受伯里克利建立的民主制度。其中有一位名叫西門的貴族，專門和伯里克利作對，此人是擁護軍事貴族獨裁統治的代表人物之一。凡是伯里克利主張的，他都表示反對；凡是伯里克利反對的，他都全力支持。

結果，雅典公民投票把他放逐了。

悲慘的晚年

伯里克利的晚年遭遇了巨大的打擊，並以悲劇的方式結束了此生。他所信奉並堅持的「雅典第一」主義並沒有給他帶來好運，由於對鄰邦的無情壓榨引起了其他城邦的強烈反抗，雅典在和斯巴達的爭霸中處於不利地位。

此時，反對者乘虛而入，大肆攻擊他。西元前430年，他被撤職，罪名是使用公款不當。

不過，雅典人很快發現自己的國家群龍無首，不得已再次請他出山，任命其爲大將軍。正所謂「福無雙降，禍不單行」，伯里克利再次遭受了重大的打擊，他的兩個兒子先後死於鼠疫，而在重新掌權後不久，他自己也染上鼠疫死了。

伯里克利臨終前，留下了一句遺言：「我對雅典是問心無愧的。」

屠夫

希律王

他是誰

希律王（西元前74年～西元前4年）亦被稱爲希律大帝一世、黑落德王，是羅馬帝國在猶太行省耶路撒冷的代理王。希律王出生於耶路撒冷，父親是安提帕。

殺妻

希律王與妻子瑪利安美之間的關係反覆無常，他深深迷戀著瑪利安美，感情熾熱而濃烈。一次，瑪利安美發現希律王有殺死她的計畫，被嚇壞了的瑪利安美不再與他同床共枕。

希律王爲此懷恨在心，於是決定審判妻子。瑪利安美被帶到丈夫的面前，她的罪名是一樁無中生有的通姦罪，最終她被無情地處死了。

弒子

希律王到65歲的時候，聽說瑪利安美爲他生的兩個兒子計畫刺殺他，然後篡奪王位，內心感到十分恐懼。希律王的精神陷入失常狀態，在謠言滿天飛的情況下，他無法分辨是非，爲了保住王位下令將兩個兒子處死。

希律王在其70歲的時候，也就是死前的五天，還下令殺死了另一位篡位者——他的長子安提帕，這是他和第一任妻子多麗斯生的兒子。

希律王死了

希律王在70歲的時候過世，他被埋在聖城以外12公里的希律堡。後世對他的印象是，一個企圖殺死嬰兒耶穌的暴君，在他死後，疆土被分封給剩下的3個兒子。

暴君
尼祿

他是誰

尼祿．克勞狄烏斯．德魯蘇斯．日爾曼尼庫斯（西元37年12月15日～西元68年6月9日），古羅馬帝國的皇帝，西元54年～西元68年在位。後世對他的記載相當多，資料顯示他是一位典型的暴君，世人稱之爲「嗜血的尼祿」。他是古羅馬帝國朱里亞．克勞狄王朝的最後一任皇帝，是古羅馬乃至歐洲歷史上有名的殘酷暴君。

羅馬大火疑案

羅馬城的這場大火發生在西元64年7月17日，然而這一場大火的真正原因至今尙不清楚，成爲了千古疑案。然而大多數的人都相信，這是一場人爲縱火案，而尼祿皇帝又因其暴行而成爲最大的嫌疑者。

據當時調查，縱火者應是尼祿皇帝，原因是他想要擴建宮殿，然而都城皇宮的周圍都住滿羅馬平民，因此幾乎難以開工建造，所以他便命令手下趁著夜深人靜之際縱火，以遂其所願。

當時的人們普遍懷疑這場大火並非天災，而是人爲縱火所致。尼祿聽聞有人懷疑他暗地縱火，爲了不使傳言擴大，他便宣稱這場災難是基督徒陰謀縱火導致的。於是，他下令逮捕一批基督徒，公開折磨他們——釘十字架、披獸皮讓惡狗咬死或將他們釘上柱子作爲蠟燭。

尼祿的三次婚姻

第一次婚姻

尼祿的第一次婚姻是年少時與克勞狄之女屋大維婭的婚姻，但在尼祿成爲皇帝之後，卻愛上了屋大維婭的侍女阿克代，於是打算與屋大維婭離婚，之後經過塞內加與阿格里庇娜的勸說才作罷，但夫妻關係已名存實亡。

第二次婚姻

西元58年，尼祿喜歡上寵臣奧托的妻子波培婭·薩賓娜，爲了方便她成爲皇后，便以通姦的罪名，強迫屋大維婭自殺，從而使波培婭·薩賓娜成爲他的第二任妻子。

波培婭曾爲尼祿生下一個女兒，但卻不幸夭折。後來，尼祿在一次大發雷霆時，一腳將懷有身孕的波培婭踢死。

第三次婚姻

尼祿的第三任妻子是斯塔提婭·美撒里娜，爲了得到已爲人婦的美撒里娜，尼祿逼迫她的丈夫維斯提努斯自殺。

童貞女王

伊莉莎白一世

她是誰

伊莉莎白一世（Elizabeth I，1533年9月7日～1603年3月24日），本名伊莉莎白．都鐸，於1558年11月17日至1603年3月24日任英格蘭國王和愛爾蘭女王，是都鐸王朝的第五位也是最後一位君主。

伊莉莎白一世終身未嫁，因此被稱爲「童貞女王」。

她即位時不但成功地維護了英格蘭的統一，而且在經過近半個世紀的統治後，使英格蘭成爲歐洲最強大的國家之一。

走上權力之巔

伊莉莎白的童年並不幸福，雖然出生時被指定爲王位繼承人，但年僅3歲時，母親被判叛逆罪而被父王賜死，一年後亨利八世和他的第三個王后簡．西摩生了一個男孩——愛德華。

於是，她和同父異母的姐姐瑪麗成爲愛德華的服侍者。

此時，伊莉莎白繼承王位的機會已經十分渺茫，除非前面的弟弟和姐姐全都絕後她才能即位，而這一切居然真的發生了。

弟弟愛德華10歲登基，16歲夭折，之後姐姐瑪麗繼位，但在1558年瑪麗無子而亡，伊莉莎白成了她的合法繼承人。

就這樣，年僅25歲的伊莉莎白走上了英格蘭權力之巔。

不幸的是，伊莉莎白為了鞏固王位，縱橫捭闔於當時的強國西班牙與法國之間，放棄了婚姻。

在位72年的「太陽王」
路易十四

他是誰

路易十四（1638年9月5日～1715年9月1日），全名路易·迪厄多內·波旁，自號太陽王，是波旁王朝的法國國王和那瓦勒國王，1643年至1715年在位，長達72年，是在位時間最長的君主之一。

路易十四是法王路易十三的長子，出生於法國聖日爾曼昂萊。依靠紅衣主教阿爾芒·讓·德·普萊西·李希留和馬薩林的外交成果，路易十四在法國建立了一個君主專制的中央集權王國。

他把大貴族集中在凡爾賽宮居住，將整個法國的官僚機構集中於他的周圍，以此強化軍事、財政和機構的決策權，他建立起的這一絕對君主制一直持續到法國大革命時期。

奢華盛宴

路易十四被稱做「太陽王」，不僅是因其締造了法國封建史上最鼎盛的時期，也因為他在宮廷裡掀起了一股「金光四射」的奢靡之風，並把這股風氣吹遍了整個法國大地。

路易十四在位期間，凡爾賽宮吸收了很多法國藝術家與建築師的設計精髓，成為歐洲最宏偉、華麗的宮殿。

從凡爾賽宮舉行的一次招待晚宴中便可領略「太陽王」的奢華。

一次，路易十四宴請了30位貴客，包括皇帝內侍、衛隊長、御醫、宮廷神甫等。他要求準備一張可以容納31個人的桌子，桌子的形狀爲方形、圓形、長條形或是橢圓形。

14個人在左，14個人在右，路易十四坐在上座，另外兩個人坐在下座。白色桌布不能僅蓋住桌面，每個邊都要垂到地面。如此講究，奢華之風可見一斑。

近親結婚

1660年，22歲的路易十四與西班牙公主瑪麗亞·特雷茲結婚。然而，他的婚姻是名符其實的近親結婚，不但是近親，而且是親上加親，因爲他親姑姑嫁給了他親舅舅，而他娶了舅舅和姑姑的女兒做王后，也就是說他的舅舅成了他岳父，姑姑成了岳母；對於瑪麗亞·特雷茲來說，她舅舅成了公公，姑姑成了婆婆，而路易十四只比表妹瑪麗亞·特雷茲大5天。

路易十四跟表妹瑪麗亞·特雷茲生有三男三女，其中3個當年就夭折了，另外兩個一個活了三歲，一個活了五歲，只有長子王儲活到50歲。

王儲的兒子只活到30歲，所以當偉大的太陽王隕落時，只好把王位傳給了只有5歲的重孫子路易十五。

1683年，當皇后瑪麗亞·特雷茲死後，路易十四又與奧比尼家族之女──弗朗索瓦絲·德·奧比尼祕密結婚。

發明高跟鞋

路易十四天生矮小，身高大約154cm，因此他對自己的身高十分不滿，覺得自己的地位和身高並不匹配，於是他吩咐鞋匠給他的鞋腳跟處墊上厚墊，因此形成了現代意義上第一雙高跟鞋。

《獨立宣言》起草人

湯瑪斯·傑佛遜

他是誰

湯瑪斯·傑佛遜（1743～1826年），美國政治家、思想家、哲學家、科學家、教育家，第三任美國總統。他是美國獨立戰爭期間的主要領導人之一，1776年，包括約翰·亞當斯和班傑明·富蘭克林在內的起草委員會的成員，起草了美國《獨立宣言》。

此後，他先後擔任了美國第一任國務卿，第二任副總統和第三任總統。他在任期內保護農業，發展民族資本主義工業。從法國手中購買路易斯安那州，使美國領土幾乎增加了一倍。他被視爲美國歷史上最傑出的總統之一，同華盛頓、林肯和羅斯福齊名。

公開反對奴隸制

雖然湯瑪斯·傑佛遜一生都擁有奴隸，並與女奴莎麗·海明斯有私情，傳言後者爲其生下5個孩子。然而，傑佛遜卻非常反對奴隸制度，當年，他在代表佛吉尼亞參加1783年的大陸會議時，起草了一份禁止新加入聯邦的州存在奴隸制的草案。可惜的是，他的提案以一票之差沒能通過。

傑佛遜第一次起草《獨立宣言》的時候，就曾痛斥英國把萬惡的奴隸貿易帶到美洲。後來，這一行文字由於南卡羅來納州和佐治亞州的強烈反對而被刪掉。

1807年，傑佛遜簽署了一份廢除奴隸貿易的法案。

那麼，爲什麼傑佛遜如此反對奴隸制度卻還擁有奴隸呢？據說，是因爲他長期處於負債中，他用奴隸作爲債務抵押，直到他還清了債務才會還他們自由。最終，傑佛遜在死前還給了幾個奴隸自由之身。

與眾不同的墓誌銘

湯瑪斯·傑佛遜死後被安葬在蒙地沙羅的小山丘上，他的墓誌銘上並沒有提及自己美國總統的身份，而是寫著：「佛吉尼亞大學之父以及《佛吉尼亞宗教自由法》、《美國獨立宣言》作者湯瑪斯·傑佛遜長眠於此。」據報導，之所以沒有提及其總統身份是因爲他對政治抱有一種複雜的感情。

美酒鑒賞家

傑佛遜是一名很傑出的鑒酒專家，在老家蒙地沙羅，有一個17英尺長，15英尺寬，10英尺高的酒窖。在那裡，傑佛遜珍藏著很多美酒。時至今日，那些傑佛遜收藏的美酒甚至可以拍賣出數十萬美元的高價。

傑佛遜與菲力浦馬澤伊是合作夥伴，後者是在美國第一個建立商業性葡萄園的義大利移民。在傑佛遜8年總統任期內，他的酒債高達10835.90美元。由於正值通貨膨脹時期，債務變成了

10835.90美元每年。嗜酒是傑佛遜終生欠債的一大主因。

害怕演講的總統

傑佛遜在寫作方面可謂才華橫溢，但作爲美國總統，他的演講水準確實不敢恭維。當他不得不站在公眾面前講話時，他經常喃喃自語，像蚊子一樣嗡嗡叫，使聽眾不知所云。

約翰・亞當斯曾經說過：「在國會和他坐在一起時，我從沒聽他從嘴中吐出過連續三句話。」

上帝是公平的，他給了傑佛遜優秀的寫作才能，就不會再賦予他同樣出色的演講才能。傑佛遜對於公眾演說感到十分恐懼，使他成爲一個試圖躲避鎂光燈的總統。正是基於這個原因，便有了向國會發出書面國情咨文的傳統。這一項傳統直至1913年才被伍德羅・威爾遜打破。

謙遜睿智

湯瑪斯・傑佛遜在1785年曾擔任駐法大使，一天，他到法國外長的公寓拜訪。進門之後，外長隨口問道：「您代替了富蘭克林先生？」

傑佛遜謙虛機警地回答道：「是接替他，沒有人能夠代替得了他。」

遭遇情敵

美國總統湯瑪斯・傑佛遜在向後來成爲他妻子的瑪莎求婚

時曾遭遇兩個情敵。在一個週末的早上，傑佛遜的兩個情敵不約而同地前來追求瑪莎，他們在瑪莎的家門口偶遇了。

正當兩個人怒目而視之時，卻聽到瑪莎的屋子裡傳來了開心的笑聲，他們認定其中一個聲音便是傑佛遜，於是決定聯合起來，一同去和這位頗有實力的情敵競爭。然而，當他們走到門廊上時，耳邊卻傳來了優美的樂聲，原來傑佛遜正在拉小提琴取悅瑪莎。

悅耳的琴聲，開心爽朗的笑聲，兩位情敵見狀便知難而退了。

傑佛遜是一位非常有天賦的小提琴家。早年，每個下午，他都會騰出幾個小時練習小提琴，他還喜歡低聲地唱歌或哼歌。然而，他的小提琴生涯於1786年結束，正是因他極力想取悅瑪莎而導致手腕骨折，此後再也無法拉琴了。

不修邊幅

傑佛遜的穿著打扮很隨便，甚至被人認爲很糟糕，他總是穿一些與其身材不相符的衣服。他通常穿著破破爛爛的棕色外套，紅色馬甲，燈芯絨褲子，羊毛長筒襪，長筒靴。一次，在接見英國大使時，傑佛遜還因爲身穿非正式的衣服而無意間冒犯了大使。

印第安人殺手
安德魯·傑克遜

他是誰

安德魯·傑克遜（1767年3月15日～1845年6月8日）是美國第七任總統（1829～1837年）。首任佛羅里達州州長、新奧爾良之役戰爭英雄、民主黨創建者之一，傑克遜式民主就因他而得名。因作風強硬而知名的傑克遜，綽號「老山胡桃」（Old Hickory）及「印第安人殺手」，是首位出生在美國邊陲地帶的總統。傑克遜始終被美國的專家學者評為美國最傑出的10位總統之一。

遷移印第安人

安德魯·傑克遜是印第安人排除政策的倡議者，他於1830年簽署印第安人排除法案，使之成為一項法律。傑克遜執政期間，向西遷移了超過45000名印第安人。傑克遜政府當時耗資6800萬美元，及3200萬英畝（約合13萬平方公里）的西部國土，購下了1億英畝（約合40萬平方公里）的印第安人土地。

印第安人西遷的進程普遍受到美國人歡迎，卻使印第安各族飽受苦難，甚至死亡。傑克遜也因為在這一事件中扮演的角色而遭受非議，批評之聲逐年增長，且日益激烈。羅伯特·雷米尼稱這段搬遷印第安人的時期為「美國歷史中最令人不快的一章」。

103次決鬥

安德魯・傑克遜曾經歷過103次決鬥而活了下來，後來成了美國的第7任總統。他就任總統時，還帶著一次決鬥時留下的「勳章」——一顆子彈。在安德魯・傑克遜成爲總統之前，他一共進行過103次決鬥！爲了決鬥，他備有37支經過校準的手槍！在這103次決鬥中，安德魯・傑克遜都贏了！

子彈的產權

本頓是安德魯・傑克遜103次決鬥中的對手之一，他曾經在決鬥中一槍擊中了傑克遜的左臂，這顆子彈一直留在傑克遜身體裡面將近20年。直到1832年，醫生才取出了子彈，此時本頓已經成了傑克遜的熱情支持者。

傑克遜提議將子彈歸還本頓，但被本頓謝絕。說20年的保管期，已使產權發生了轉移，子彈的所有權當屬傑克遜了。而傑克遜則幽默地回答說自從上次決鬥到現在只有19年，產權關係沒有發生變化。

本頓說：「鑒於你對子彈的特別照管——隨身攜帶——我可以放棄這最後一年。」

遇刺未遂

1835年1月30日，國會山莊發生了一起駭人聽聞的刺殺總統未遂事件，這也是美國史上首次有人意圖暗殺現任總統。

時任總統的安德魯·傑克遜當時參加完一場葬禮，正準備離開，一名叫做理查·勞倫斯的男子趨身近前，在「完全瞄準距離」（Point-blank Range，在此距離內，槍支無須調整仰角便可確定擊中目標的哪一部分）內，持手槍對傑克遜射擊，不料手槍卡彈。刺客立即拔出另一枝手槍準備刺殺，傑克遜趁機以手杖制伏刺客。

後來，經醫生診斷，勞倫斯確實身患精神疾病，並被拘留於精神病院中。

騎在馬背上的「世界靈魂」

拿破崙

他是誰

拿破崙・波拿巴（1769～1821年），法蘭西共和國第一執政、法蘭西第一帝國皇帝，出生在法國科西嘉島，是一位卓越的軍事天才。

拿破崙多次擊敗保王黨的反撲和反法同盟的入侵，捍衛了法國大革命的成果。他頒佈的《民法典》更是成爲了資本主義國家的立法藍本。

拿破崙在其執政期間多次對外擴張，形成了龐大的帝國體系，創造了很多軍事奇蹟。1812年兵敗俄國，元氣大傷；1814年被反法聯軍趕下臺。1815年復辟，隨後在滑鐵盧之戰中失敗，被流放到聖赫勒拿島。1821年病逝，1840年屍骨被運回巴黎，被隆重安葬在塞納河畔。

我的偉大在於我的法典

哲學家黑格爾稱讚拿破崙是騎在馬背上的「世界靈魂」，然而所向披靡的拿破崙本人則更看重自己的智慧，他熱愛知識，精通數學，喜愛文學和宗教。在對埃及的一次遠征中，他隨行帶了175名各行各業的學者以及成百箱的書籍和研究設備，並下達指令：「讓驢子和學者走在隊伍中間。」

拿破崙在編寫回憶錄時曾這樣說過：「我的偉大不在於我曾經的勝利，滑鐵盧一戰已使它隨風而去，我的偉大在於我的法典，它將永遠庇護法蘭西人民的自由。」

出身名門

拿破崙・波拿巴於1769年出生在科西嘉島的阿雅丘城，一個義大利的貴族世家。當年，科西嘉島剛剛被賣給法蘭西王國後，法王承認其父親爲法蘭西王國貴族。

拿破崙愛上的第一個女人

約瑟芬是拿破崙愛上的第一個女人，並爲她意亂情迷。雖然遭到波拿巴家族的強烈反對，但拿破崙仍然於1796年與這個老練的巴黎交際花結婚。

約瑟芬的年紀比拿破崙大，是已被處死的貴族的寡婦，她也曾是有勢力的政客巴拉斯的情婦。拿破崙非常寵愛他的妻子，但是約瑟芬卻沒有能力給他生育一個繼承人。爲了確保王朝的延續，拿破崙於1809年選擇和深愛的妻子離婚。之後，拿破崙和奧地利皇帝的女兒瑪麗・路易士結成政治聯姻。

孤島挽歌

1815年10月，拿破崙被流放到大西洋的聖赫勒拿島，該島與非洲大陸隔海相望，拿破崙根本不可能從這裡逃出去；況且，他也沒有逃出去的打算，因爲在輸掉滑鐵盧戰役之後，他已經徹底絕望了。

1821年5月5日，拿破崙在島上去世，5月8日在禮炮聲中，這位征服者被葬在聖赫勒拿島上的托貝特山泉旁。

死因成謎

直至今日，拿破崙的死因仍然是一個謎，大不列顛及北愛爾蘭聯合王國醫生的驗屍報告顯示他是死於嚴重胃潰爛，但最新研究顯示拿破崙死於砷中毒，而且從當年貴族愛用的牆紙上，歷史學家也發現含有砷的礦物，可能是因爲環境潮濕而讓砷滲透出來的。

此外，還有一種說法是死於砒霜。傳言蒙托隆伯爵因爲受到英國人的賄賂以及急於繼承拿破崙的一部分遺產，而長期在拿破崙的葡萄酒中投放砒霜，致使拿破崙慢性中毒而死。

美國國父

喬治·華盛頓

他是誰

喬治·華盛頓是美國首任總統（1732～1799年），美國獨立戰爭大陸軍總司令。1789年，當選爲美國第一任總統，1793年連任，兩屆任期結束後，他自願棄權不再續任，隱居於弗農山莊園。

由於他扮演了美國獨立戰爭和建國中最重要的角色，故被尊稱爲「美國國父」，學者們則將他和亞伯拉罕·林肯並列爲美國歷史上最偉大的總統。

在美國於2005年舉辦的線上票選活動《最偉大的美國人》中，華盛頓被選爲美國最偉大的人物並名列第四位。

英雄隱退

華盛頓早年在法國印第安人戰爭中擔任支持大英帝國一方的殖民軍軍官，之後在美國獨立戰爭中率領大陸軍團獲勝，爲美國的獨立做出了巨大貢獻。然而，戰爭結束後，華盛頓拒絕了一些同僚慫恿他獨攬軍事政權的提議，回到了他在維農山的莊園，開始平靜地生活。

出山

時勢造英雄，由於美國戰後局勢混亂，面對一盤散沙的局面，喬治·華盛頓再次出來執政，於1787年主持了制憲會議，制定了現在的美國憲法，並在1789年當選爲美國第一任總統。

再次隱退

華盛頓在兩屆任期內爲美國做了很多，當年制定的某些政策和傳統甚至沿用至今。在兩屆任期結束後，他再次選擇隱退，放棄權力不再續任，回到維農山莊，恢復平民生活。

四處借貸

華盛頓儘管是一名農場主，他的莊園有8000英畝（32平方公里），雖然擁有大量土地，但手頭的現金卻不多，常常四處借貸。在後來成爲美國總統時，他甚至向人借了600美元，爲的是搬家到紐約以接掌政務。

公私分明

喬治·華盛頓公私分明，他在擔任總司令後發表聲明：「我作爲總司令，不接受任何待遇，我將把一切開支如數列賬。」

果然，華盛頓拒絕接受每月500美元的薪俸，只要求報銷履行這一職務的工作支出。在此後長達八年的戰爭當中，他將自己的每一筆支出均做了詳細的記錄，並在旁邊注明了每一筆支出的用途和日期。

戰爭勝利後，華盛頓向各州州長發出公告，正式辭去了一切公職，並以個人名義提出了四項建議，隨後又與財政部的審計人員一起核查了他在整個戰爭過程中的開支。他親手記載的帳目清楚、準確，每一筆賬務邊上都注明了日期和用途，令在場的審計人員欽佩不已。

總統山雕像

喬治·華盛頓、希歐多爾·羅斯福、湯瑪斯·傑佛遜、亞伯拉罕·林肯這四位代表美國前150年歷史的總統頭像被雕刻在「總統山」上，這項提議是在時任總統喀爾文·柯立芝和美國國會曠日持久的討論之後通過的。

四位偉大總統的面容被刻在拉什莫爾山的巨大石壁上，成爲美國最知名的雕像群之一。

偉大的解放者
亞伯拉罕·林肯

他是誰

亞伯拉罕·林肯（1809年2月12日～1865年4月15日），美國第16任總統。他領導了美國南北戰爭，頒佈了《解放黑人奴隸宣言》，爲美國在19世紀躍居世界頭號工業強國開闢了道路，使美國進入經濟發展的黃金時代，被稱爲「偉大的解放者」。內戰結束後不久，林肯便遇刺身亡，成爲美國歷史上第一位遭到刺殺的總統。

2005年美國線上舉辦的票選活動《最偉大的美國人》中，林肯被選爲美國最偉大的人物並被排在第二位。

布斯刺殺林肯

布斯是一名演員，同時也是一個堅定的南部聯邦支持者，由於演員身份，布斯輕易地溜進總統包廂。本來包廂是上鎖的，但鎖幾天前壞了，沒人報告此事，警衛也沒有爲難他。

員警約翰·派克本該守在大廳通往包廂的必經之路上，但是他對看戲毫無興趣，所以躲到另一個房間喝酒去了。

當布斯進入包廂後，他平靜地把槍瞄準了林肯的左耳和脊背之間……共開8槍，命中6槍，其中5次擊中要害。然而1675名觀眾中，只有少數人聽到了槍聲，甚至坐在旁邊的林肯夫人和幾位陪同都沒有對槍聲感到太震驚。這是由於布斯選擇了在戲劇的高潮開槍，演員的大笑和槍聲混雜在一起很難聽清。

之後，包廂一片混亂，布斯從包廂裡跳到舞臺上，轉身向觀眾喊了句：「所有的暴君都是這個下場。」這是弗吉尼亞州的名言。

林肯擦鞋

林肯的父親是個鞋匠，他也是美國歷任總統中出身最寒微的一位，然而他從不感到自卑，對於外界的惡意攻擊，他總能從容應對。

有一次，林肯正在擦他自己的皮鞋，一位外國的外交官正巧碰上。「怎麼，總統先生，您竟擦自己的鞋子？」這顯然是話中有話，暗藏諷刺，但是又讓人抓不住可以還擊的把柄，真是進退兩難。

然而，林肯卻機智地回應道：「是的，那麼您擦誰的鞋子？」

林肯總統面對惡意的諷刺，以彼之道還施彼身，讓對方自討苦吃。

捎衣進城

林肯在斯普林菲爾德擔任律師期間，有一天步行前往城裡。一輛汽車從他身後開來時，他喊住駕駛員，說：「能不能行個方便幫我把這件大衣捎到城裡去？」

「有何不可呢？」駕駛員回答說，「但我怎麼把大衣還給你呢？」

「哦，這很簡單，我打算裹在大衣裡頭。」

林肯的機智表現無疑，他知道，如果招手攔車，很可能失去這次搭順風車的機會。因此，他選擇以開玩笑的方式作爲開場白，爲這次成功搭車奠定了基礎。

無聲的抗議

林肯當律師時，一次作爲被告的辯護律師出庭。原告律師在法庭上把一個簡單的論據嘮嘮叨叨地陳述了兩個多小時，講得聽眾都不耐煩了。

好不容易才輪到林肯上臺替被告辯護，只見他走上講臺，先把外衣脫下放在桌上，然後拿起玻璃杯喝了兩口水；接著重新穿上外衣，然後又喝了口水；之後再脫外衣。這樣反反覆覆了五六次，逗得法庭上的聽眾笑得前俯後仰。

林肯一言不發，在笑聲過後才開始他的辯護演說。

爲了表達不滿，林肯選擇這種無聲的抗議方式，既沒有讓聽眾感到厭煩，也成功回擊了對手。

智答婦人

曾經，有位婦人找到林肯，理直氣壯地說：「總統先生，你一定要給我兒子一個上校的職位，我並不是要求你的恩賜，而是我們應該有這樣的權利。因爲我的祖父曾參加過雷新頓戰役，我的叔父在布拉敦斯堡是唯一沒有逃跑的人，而我的父親又參加過納奧林斯之戰，我丈夫是在曼特萊戰死的，所以……」

「夫人，你們一家三代爲國效力，對於國家的貢獻實在太多了，我深表敬意。現在你能不能給別人一個爲國效命的機會？」林肯接過話說。

婦人的要求雖然無理，但她的家人爲國效力卻是事實，所以林肯以幽默的方式回絕了她。

難看的面孔

眾所周知，林肯是美國歷任總統中最有幽默感的一位，而且非常謙虛，善於自嘲。但林肯的相貌實在不敢恭維，他自己也深知這一點。

一次，他和斯蒂芬·道格拉斯進行辯論，道格拉斯說他是兩面派。林肯答道：「現在，讓聽眾來評評看，要是我有另一副面孔的話，您認爲我會戴這副這麼難看的面孔嗎？」

化解尷尬

有一次，一位軍官急急忙忙地從作戰部大樓走廊經過，不小心一頭撞到了林肯。當他發現自己撞的竟是總統先生的時候，立刻賠不是。

「一萬個抱歉！」這位軍官恭敬地說。

「一個就足夠了。」林肯回答說。接著又補上一句：「但願全軍的行動都能如此迅速。」

林肯再一次用幽默化解了尷尬。

總統間的幽默

有一次，林肯總統在白宮會見某國元首，該元首個子很高，林肯和他站在一起，就像兩根垂直豎起的炮管。林肯樂呵呵地說：「想不到您個子比我還高呢，怎麼樣，當總統滋味如何？」

「您說呢？」那位元首反問道，「我感覺天天像吃了火藥，總想放炮！」

我的確是一個大笨蛋

一日，林肯和他的兒子羅伯特乘馬車上街，被路過的軍隊堵住了，林肯開門踏出一隻腳來，問一位老鄉：「這是什麼？」

林肯的意思是詢問攔路的是哪個部隊，老鄉以爲他不熟悉軍隊，答道：「聯邦的軍隊唄，你真是他媽的大笨蛋。」

林肯說了聲「謝謝」，關閉車門，嚴厲地對兒子說：「有人在你面前說老實話，這是一種幸福，我的確是一個他媽的大笨蛋。」

林肯雖然被罵了，但爲了不在兒子面前顯得尷尬，他以自嘲的方式逃避窘境。

臭老頭

有一次，一個小夥子坐在陸軍部的大樓前，林肯正巧路過便問他坐在這裡幹什麼，小夥子一肚子怨氣，回答道：「我在前方打仗受了傷，來領軍餉，他們不理我，那狗婊子養的林肯現在也不來管我了。」

林肯聽了，平和地問他：「你有證件嗎？我是個律師，看看你的證件是否有效。」小夥子遞過證件，林肯看完說：「你到308號房間找安東尼先生，他會幫你辦理一切。」

小夥子進了陸軍部大樓，看門人問他：「你剛才跟誰講話呢？」

「跟一個自稱律師的臭老頭。」

「什麼臭老頭，他可是林肯總統啊！」

簡短的演講

林肯並不像很多演講家那樣喜歡滔滔不絕地說個沒完；相反，他的講話總是很簡短、樸素。正因此，他經常被那些演講家瞧不起。

葛底斯堡戰役後，美國政府決定爲死難烈士舉行盛大葬禮。葬禮委員會發給總統一張普通的請帖，他們原本以爲林肯是不會出席這類會議的，但林肯卻答應了。

既然總統來，自然免不了講幾句，然而委員會已經請了著名演說家艾佛瑞特來做這件事，因此，他們又寫信給林肯，說在艾佛瑞特演說完畢之後，他們希望他「隨便講幾句適當的話」。

顯然，這是一個欺侮，但林肯平靜地接受了。兩星期內時時刻刻都會想著怎樣演說。演說稿改了兩三次，他仍不滿足。到了葬禮的前一天晚上，還在做最後的修改，然後半夜找到他的同僚高聲朗誦。

葬禮當天，林肯走進會場之前仍然練習著演講。那位艾佛瑞特講演了兩個多小時，將近結束時，林肯不安地掏出舊式眼鏡，又看了看他的演講稿。開始了他的演說，一位記者支上三腳架預備拍攝照片，等一切就緒的時候，林肯已經結束演講，走下講臺。

時間只有兩分鐘，而掌聲卻持續了10分鐘。後人給以極高評價的那份演說辭，在今天譯成中文也不過400字。

請求原諒的總統

美國南北戰爭初期，北方軍隊失利，這讓林肯感到十分焦急。這天，有一位養傷的團長直接向總統懇求准假，因爲他的妻子生命垂危，聽到這裡，本已十分焦急的林肯突然爆發了，大聲斥責道：「你不知道現在是什麼時期嗎？戰爭！苦難和死亡壓迫著我們，家庭和感情在和平的時候會使人快活，但現在它沒有任何餘地了！」

團長感到很失望，垂頭喪氣地回到旅館。翌日清晨，天還沒亮，忽然有人敲房門，團長開門一看，正是總統本人。

林肯握住團長的手說：「親愛的團長，我昨夜太粗魯了。

對那些獻身國家的人，我不應該這樣做。我一夜懊悔，不能入睡，現在請你原諒。」林肯替他向陸軍部請了假，並親自開車送那位團長到碼頭。

高明的演講

1860年，林肯作爲共和黨的候選人，參加了總統競選。林肯的對手、民主黨人道格拉斯是一位頗有競爭力的超級富翁。他租用了漂亮的競選列車，在車後安上一尊大炮，每到一站鳴炮32響，加上樂隊奏樂，聲勢之大超過美國歷史上任何一次競選。爲此，道格拉斯洋洋自得地說：「我要讓林肯這個鄉下佬聞聞我的貴族氣味。」

林肯沒有專車，他只能買票乘車。每到一站，朋友們都會爲他預備一輛耕田用的馬拉車。他在競選演說中講道：「有人寫信問我有多少財產，我有一位妻子和三個兒子，都是無價之寶。此外，還租有一間辦公室，室內有桌子一張，椅子三把，牆角還有大書架一個，架上的書值得每人一讀。我本人既窮又瘦，臉蛋很長，不會發福。我實在沒有什麼可依靠的，唯一可依靠的就是你們。」

雖然沒有錢，但林肯高明的演講爲他贏得了很高的聲譽。

鐵血首相

奧托·馮·俾斯麥

他是誰

奧托·馮·俾斯麥（1815年4月1日～1898年7月30日），普魯士宰相兼外交大臣，是德國近代史上傑出的政治家和外交家，被稱爲「鐵血首相」。奧托·馮·俾斯麥是德國近代史上一位舉足輕重的人物。作爲普魯士德國容克資產階級的最著名的政治家和外交家，他是統一德國（除奧地利外）的代表人物。

蔑視權威

俾斯麥35歲時，任職普魯士國會的代議士。當時，奧地利是德意志各鄰邦國家中最強大的，在德意志聯邦議會上藐視一切。性格強硬的俾斯麥對此十分不滿，於是想尋找機會挑戰一下對方的權威。

議會中有一個不成文的慣例，就是只有擔任主席的奧地利人才有權抽菸。俾斯麥十分厭惡這種做法，於是在一次會議中，當主席抽出一支雪茄時，他也立即拿出一支菸，並向主席借火點燃，大模大樣地抽了起來，以此表明自己的立場，普魯士與奧地利是平起平坐的。俾斯麥的這一舉動令主席大感意外，同時也使其他各邦代表刮目相看。

狡猾的政客

俾斯麥一直想打敗不可一世的奧地利，統一德國。但這個鐵血的好戰分子卻展現出政客狡猾的一面，他屢次主張和平，他說：「對於戰爭後果沒有清醒的認識，卻執意發動戰爭，這樣的政客，請自己赴死吧！戰爭結束後，你們是否有勇氣承擔農民面對農田化爲灰燼的痛苦？是否有勇氣承受身體殘疾、家破人亡的悲傷？」

在國會上，俾斯麥爲奧地利辯護，很多人被他迷惑了。不過，當他成爲首相後，他立即對德國公眾說：「對於一個外交家來說，最大的危險就是抱有幻想。」並立即想方設法對奧地利宣戰。

白宮冰人

班傑明·哈里森

他是誰

班傑明·哈里森（1833年8月20日～1901年3月13日）是美國第23任總統。他受過良好的教育，畢業於邁阿密大學，畢業後成了一名律師。南北戰爭期間參加聯邦軍，獲得將軍頭銜。1881年，他成爲參議員。1888年，他被共和黨提名爲總統候選人並在競選中獲勝。上臺時，美國工業化臻於完成，經濟結構發生了歷史性變革。哈里森順應潮流，制定了旨在穩定局勢、防止社會動盪的《謝爾曼反托拉斯法》。

明智的選擇

1888年，美國第23屆總統競選之日，候選人班傑明·哈里森在等候最終結果，此時，他顯得格外平靜。他關注的焦點在印第安那州，而印第安那州宣佈競選結果時已經是晚上11點了，哈里森在此之前早已上床睡覺了。

第二天上午，一個夜裡給他打過祝賀電話的朋友問他爲什麼睡這麼早。哈里森解釋說：「熬夜並不能改變結果。如果我當選，我知道我前面的路會很難走。所以不管怎麼說，休息好不失爲一種明智的選擇。

綽號的由來

班傑明·哈里森有兩個綽號，一個叫「白宮冰人」，是因爲他待人處世一貫冷冰冰的，所以，人們就給他送了這個綽號；另一個綽號是「小本子」，這是因爲他的身高只有1.68米左右。不過，哈里森本人則給自己取了一個響噹噹的綽號——「百年紀念總統」，這是因爲從華盛頓執政以來至當時剛好是100年。

大胖子總統

威廉·霍華德·塔夫脫

他是誰

威廉·霍華德·塔夫脫（1857年9月15日～1930年3月8日），美國第27任總統（1909年3月4日～1913年3月3日）塔夫脫在總統任期內雖然政績平平，但一直勤勤懇懇，做了很多工作，如逐步採取年度預算，建立郵政儲蓄體系，鼓勵保護自然資源，大力推行反托拉斯法等。他還曾任過律師、地方檢察官、州高級法院法官、司法部副部長、法庭庭長、法學教授、美國第一任菲律賓總督等。

如此禮節

威廉·霍華德·塔夫脫是美國第27位總統，他是一個大胖子，走馬上任時體重已達332磅。當年，他在擔任美國第一任菲律賓總督期間，有一次去會見俄國沙皇，馬車在皇宮前停穩之後，塔夫脫跳下馬車，不料由於動作過大，他的褲襠開線了。

馬上要到會晤的時間了，回去換衣服顯然已經來不及了，好在下屬隨身帶著針線，塔夫脫趕忙回到馬車上，讓一道前來的妻子給他縫褲子。

很快，褲子補好了，但塔夫脫擔心褲子再次開線，所以不敢正著身子走路，只得橫著身子走進皇宮。會見完畢後，他又橫著身子出來。在場的所有俄國人對他的動作感到奇怪，有人甚至認爲這是美國的一種特殊禮節。

略施小計

有一次，塔夫脫因爲搭不上火車而一籌莫展，他被困在一個鄉村火車站。無意中，他聽說如果在這樣的鄉村小站，有很多人需要搭車，那麼快車也會在小站停。

不久，列車調度員收到一份電報，說在克斯維爾有一大批人等著上車。當車在克斯維爾停住時，塔夫脫孤身一人上了車，並向迷惑不解的列車員解釋說：「可以開車了，我就是那一大批人。」

外號

塔夫脫是入主白宮的總統中身材最爲魁梧的一位，他的體重在135～160公斤之間，人們當時給他送了一個外號「大嘴巴」。

此外，當有位記者談到1907年恐慌後的困難時期，問他如此高的失業率將導致什麼樣的後果時，他無可奈何地表示：「鬼才知道！」這句話很快流傳起來，以後一段時間，工人們給他送了一個外號「見鬼的塔夫脫」。

老羅斯福

希歐多爾・羅斯福

他是誰

希歐多爾・羅斯福，人稱老羅斯福，昵稱泰迪（1858年10月27日～1919年1月6日），美國歷史學家、政治家，第26任美國總統（1901～1909年）。

曾任海軍副部長，1900年當選副總統。1901年總統威廉・麥金萊被無政府主義者刺殺身亡，他繼任美國總統，時年42歲，成為美國歷史上最年輕的總統。他的獨特個性和改革主義政策，使他成為美國歷史上最偉大的總統之一。

樂觀的回信

有一次希歐多爾・羅斯福家中失竊，被偷走了很多東西。他的朋友寫信安慰他，希望他不要太難過。

然而，羅斯福卻相當樂觀，從他給朋友的回信中便可看出：「謝謝你來信安慰我，我現在很平安。感謝上帝，因為：第一，賊偷去的是我的東西，而沒有傷害我的生命；第二，賊只偷去我部分東西，而不是全部；第三，最值得慶倖的是，做賊的是他，而不是我。」

焦點人物

希歐多爾・羅斯福是一個很愛面子的人，無論在什麼場合，他都希望自己是焦點人物，被人們所關注。

爲此，他的兒子曾風趣地說道：「我父親不喜歡參加婚禮和葬禮，因爲在婚禮和葬禮上他既不能做新娘，又不能做死者。」

老獅子去世了

1919年1月6日，羅斯福在自己的居所內平靜地離世，享年60歲。收到他去世的消息後，他的兒子給親友們發電報說：「老獅子去世了。」

無產階級革命領袖

列寧

他是誰

列寧（1870～1924年），原名弗拉基米爾·伊里奇·烏里揚諾夫，列寧是他的筆名。列寧是著名的馬克思主義者、無產階級革命家、政治家、思想家，布爾什維克黨創建者、蘇聯締造者。

他繼承和發展了馬克思主義，形成了列寧主義。被全世界共產主義者廣泛認同爲「全世界無產階級和勞動人民的偉大革命導師和領袖」，也被世人認爲是20世紀最偉大的人物之一。

理髮

十月革命勝利後的某天，列寧去理髮廳修剪頭髮。當時，屋子裡已經有很多人在排隊等候。列寧進門之後便問誰是最後一位，他準備按次序等候。理髮廳的人都認識列寧，知道列寧的每一分鐘都是寶貴的。於是對他說：「誰是最後一位不要緊，現在空出位置來，請你先理吧！」

列寧回答說：「謝謝諸位同志們，不過這是要不得的，應該按照順序和守秩序。我們自己訂的法律，應該在一切瑣碎的生活裡去遵守它。」

列寧一邊說著，就一邊找個椅子坐下來，並從衣袋裡掏出一張報紙看起來。

讀書

列寧一旦讀起書來，對周圍的一切便不管不顧，已經達到癡迷的境界。

有一次，他的幾個姐妹惡作劇，用6把椅子在他身後搭了一個不穩定的三角塔，只要列寧一動，塔就會傾倒。然而，正專心讀書的列寧絲毫未察覺，椅子紋絲不動。直到半小時後，他讀完了想要看的內容，才抬起頭來，三角塔轟然倒塌……

戒菸

列寧17歲時學會了吸菸，母親擔心他的健康，於是勸他戒菸。母親對列寧列舉了吸菸對身體的種種危害，然後向他指出，在他自己沒有掙錢之前，不必要的開支，即使很少，也是不應當花費的。列寧聽從了母親的建議，毅然地戒了菸，並且終生不吸。

沉默的卡爾

約翰．喀爾文．柯立芝

他是誰

約翰．喀爾文．柯立芝（1872年7月4日～1933年1月5日），美國第30任總統。佛蒙特州律師出身，在麻塞諸塞州政界奮鬥多年後成爲州長。1920年大選時作爲沃倫．哈定的競選夥伴，成功當選第29任美國副總統。1923年，哈定在任期內病逝，柯立芝遞補爲總統。1924年大選連任成功。政治上主張小政府，以古典自由派保守主義聞名。

約翰．喀爾文．柯立芝以少言寡語聞名，因此被人們稱作「沉默的卡爾」。愛麗絲．羅斯福．朗沃思就曾說這樣評價他：「看上去像從鹽水裡撈出來的。」

柯立芝卻說：「我認爲美國人民希望有一頭嚴肅的驢做總統，我只是順應了民心而已。」

打賭

由於柯立芝總統的沉默寡言，許多人都以能夠和他多說上幾句話爲榮。在一次宴會上，一位夫人千方百計想跟柯立芝多聊幾句。

她說：「柯立芝先生，我和別人打了個賭：我一定能從你口中引出三個以上的字眼來。」

「你輸了！」柯立芝說道。

「我也一直站著」

一天，柯立芝正埋頭辦公，忽然進來一位女士，她是柯立芝的支持者，非常崇拜他。進門之後，該女士對柯立芝前一天的演講表示祝賀：「那天大廳裡人山人海，我根本無法找到一個座位，一直站著聽完了您的全部演講。」

這位女士用略帶委屈的口吻說了這話，顯然想以此換得幾句安慰話。不料，柯立芝冷漠地說：「並不是只有你一個人站著，那天我也一直站著。」

沒有升職機會

柯立芝總統任期快要結束時，他發表了著名的聲明：「我不打算再幹這一行了。」記者們覺得話裡有話，於是纏住他不放，請他解釋爲什麼不想再當總統了。

實在沒有辦法，柯立芝把一位記者拉到一邊對他說：「因爲總統沒有升職的機會。」

最偉大的英國人
溫斯頓．邱吉爾

他是誰

溫斯頓．倫納德．斯賓塞．邱吉爾（1874年11月30日～1965年1月24日），英國政治家、演說家、軍事家和作家，曾於1940年至1945年出任英國首相，任期內領導英國在第二次世界大戰中聯合美國等國家對抗德國，並取得了最終勝利，並自1951年至1955年再度出任英國首相。

邱吉爾被認爲是20世紀最重要的政治領袖之一，對英國乃至全世界都有深遠影響。此外，他在文學上也有很高的造詣，曾於1953年獲諾貝爾文學獎。在2002年，BBC進行了一項名爲「最偉大的100名英國人」的調查，結果邱吉爾獲選爲有史以來最偉大的英國人。

消失的哈瓦那

據英國《每日電訊報》報導，有遊客發現，在一張1948年拍攝的邱吉爾的照片中，邱吉爾的手擺出象徵勝利的「V」字形，嘴裡叼著一支雪茄。這張照片的複製品被掛在倫敦某家博物館的入口處，但是照片上的雪茄卻消失了。博物館老闆唐．羅賓遜對此也感到十分詫異。他堅稱，海報的設計者絕不會去掉雪茄，他自己也非常想知道到底是怎麼一回事。

雪茄愛好者

據說，邱吉爾一生中吸過的雪茄的總長度爲46公里，總重量爲3000公斤，是世界上吸食雪茄吉尼斯紀錄的保持者。

著述頗多

邱吉爾不僅是一名偉大的政客，他還是一名優秀的作家和歷史學家，他的著作頗多，其中最著名的作品是《第一次世界大戰回憶錄》，六卷本的《第二次世界大戰回憶錄》。此外，他還創作了《藍道夫．邱吉爾勳爵傳》、《英語民族史》等多部小說和回憶錄。

1953年，邱吉爾榮獲諾貝爾文學獎。

養生奧秘

邱吉爾一生飽經磨難，嗜好雪茄，但仍活到了91歲，這樣的年齡在20世紀60年代以前是極其少見的。那麼，邱吉爾有什麼養生奧秘呢？

第一，意志堅強，寬宏大度；

第二，開朗樂觀，詼諧幽默；

第三，善於休息，興趣廣泛。

能拿那麼多錢，我為什麼不自己演？

當年，年近九旬的邱吉爾曾想親自出演一部關於他的傳記片，因爲他覺得飾演他的那個演員太胖太老。邱吉爾說：「能拿那麼多錢，我爲什麼不自己演？」

無顏受勳

「二戰」結束後不久，在1945年的英國大選中，保守黨大敗，邱吉爾落選。爲了安撫這位功勳卓著的前首相，英國女王決定授予他一枚巴思勳章。邱吉爾感慨萬分地說：「當選民們把我解雇的時候，我有何顏面接受陛下頒發給我的這枚獎章呢？」

冒失的提問

在英國首相邱吉爾75歲生日宴會上，一名年輕的記者冒失地對邱吉爾說：「首相先生，我真希望明年還能來祝賀您的生日。」

邱吉爾聽後並沒有流露出不悅的神情，而是拍拍記者的肩膀說：「記者先生，你這麼年輕，身體又這麼壯，應該是沒什麼問題的。」

「簡單扼要」的會晤

「二戰」中德軍佔領荷蘭期間，荷蘭流亡政府在美國設立了總部。德克．吉爾總理沒怎麼出過國，也不太會說英語。在第一次會晤邱吉爾時，一見面，德尼．吉爾伸出手，想要問好，沒想到卻說出了：「再見，先生。」

邱吉爾這樣作答：「我希望所有的政治會議都這樣簡短扼

要。」

巧妙提醒

在一次上流社會的晚宴上，大家推杯換盞，親切交談。當宴會進行到尾聲的時候，禮賓司的一名官員走到邱吉爾身旁，對他私語說，他看見一位先生把一只銀制的鹽缸塞進了自己的口袋。聽了這話，邱吉爾當眾將一只銀制的胡椒粉瓶放進了口袋，像旁若無人一樣。宴會結束時，邱吉爾悄悄走到那位拿了鹽缸的先生旁邊，輕聲對他說：「親愛的，我們都被別人看見了。哎，最好還是放回去吧，你說呢？」

保護愛犬

魯弗斯是邱吉爾養的一隻愛犬，一天晚上，邱吉爾在別墅裡欣賞電影《霧都孤兒》，魯弗斯像往日一樣，趴在主人膝蓋上，一同欣賞。當影片放到比爾·賽克斯爲了擺脫員警的追蹤，預謀淹死他的狗時，邱吉爾趕忙用手捂住了魯弗斯的雙眼，並說道：「親愛的，現在不許看了，等會兒我會告訴你後來發生的事。」

邱吉爾與司機

一次，邱吉爾乘坐計程車去議院，當他下車時對司機說：「我將在這裡耽擱一小時，你等我一下吧！」不料，司機回答說：「那可不行！我一定要趕回家去，好在收音機上聽邱吉爾的演說。」

邱吉爾聽後暗自驚喜，便重重地賞了他一筆小費。司機見錢眼開，立即改口說：「我想了一下，還是在這裡等著送你回去吧，管他媽的邱吉爾！」

連任失敗

1945年邱吉爾在一次大選中落選了，史達林得知消息後不無得意地說：「邱吉爾，你打贏了仗，人民卻罷免了你。看看我，誰敢罷免我！」對此，邱吉爾不以爲然地回應：「我打仗就是保衛人民，讓人民有罷免我的權力。」

得到總統支持的釘子戶

「二戰」時，英國有個幸運的釘子戶，由於不搬遷，導致軍用機場無法修建，引起全國範圍內的譴責和謾罵。然而，邱吉爾在得知此事後卻說：「我們和德國人打仗就是爲了保護合法財產不受侵害，如果拆了他的家，那我們爲什麼還要打仗呢？」

執政時間最長的美國總統

富蘭克林・德拉諾・羅斯福

他是誰

富蘭克林・德拉諾・羅斯福（1882年1月30日～1945年4月12日）第32任總統（1933年3月4日～1937年1月20日，1937年1月20日～1941年1月20日，1941年1月20日～1945年1月20日，1945年1月20日～1945年4月12日）美國歷史上唯一蟬聯四屆（第四屆未任滿）的總統。

羅斯福在20世紀的經濟大蕭條和第二次世界大戰中都扮演了重要的角色。被學者評爲美國最偉大的三位總統之一，與華盛頓和林肯齊名。美國第26任總統希歐多爾・羅斯福是富蘭克林・羅斯福的遠房堂叔。

反常的祝福

羅斯福5歲時跟隨父親去見當時的總統克利夫蘭，總統曾給他一個奇怪的祝願，事後證明，這次祝願非常反常。克利夫蘭當時說道：「祈求上帝永遠不要讓你當美國總統。」可是，羅斯福卻成了美國歷史上執政時間最長的總統，也是最有威望的總統之一。

疾病

39歲的羅斯福邁上了政治峰巔，然而，無情的災難卻在此時降臨。1921年8月，羅斯福帶全家在坎波貝洛島休假，然而，小島上的一場山火卻讓羅斯福一家折騰了很久，直到下午四點才回家。此時，羅斯福感到很疲憊，他決定到格萊恩塞文湖游泳，借此放鬆一下。他和孩子們步行來到湖邊，起初在微溫的湖水中嬉戲，後來羅斯福又跳進芬迪灣冰涼的海水中游泳。

然而，羅斯福仍然感到十分疲憊。回到家後，羅斯福連泳褲都沒換，他後來回憶說：「當時我太累了，不想換衣服，我從沒有過這種感覺。」

一小時後羅斯福全身發冷，第二天早上病情加重，羅斯福已經站不起來了。事後證明，羅斯福患上了脊髓灰白質炎。

信念

高燒、疼痛、麻木以及終生殘疾的前景，並沒有使羅斯福放棄理想和信念，他一直堅持不懈地鍛煉，試著恢復行走能力，在他治病的佐治亞溫泉，人們經常聽到他爽朗的笑聲，以至於此地被人們稱之爲「笑聲震天的地方」。

憑藉一副雙腿支架，羅斯福最終可以在別人的攙扶下站立和行走了。經過7年的養精蓄銳，他重新走上政壇，並在1928年成爲紐約州州長。1932年11月8日，羅斯福以2280萬票對1575萬票的優勢，入主白宮，這位坐在輪椅上的巨人憑藉堅強的信念獲得了成功。

親身體驗

1944年3月25日，富蘭克林·羅斯福第四次連任美國總統。《先鋒論壇》報的一位記者前來採訪，問他對連任總統之事有何感想。羅斯福笑而不答，只是請記者吃一塊三明治。記者覺得這是殊榮，很快就吃下去了。羅斯福又請他吃一塊，記者受寵若驚，雖然已經吃飽了，但還是硬著頭皮吃下去了。沒想到，羅斯福笑眯眯地遞上了第三塊三明治，這時，羅斯福微笑著說：「現在已經不用回答您的提問了，因爲您已經有了親身的感受。」記者恍然大悟。

如此樹敵

一天，祕書問羅斯福是否知道他的一位老朋友在散佈謠言中傷他。

羅斯福回答：「是嗎？那是什麼時候的事？」

祕書說：「啊，就在前一兩個禮拜。」

羅斯福欠身靠在椅背上，略作思考，然後慢慢地吸了兩口煙斗，說道：「這倒是怪事了，我不記得曾幫過他什麼忙啊！」

電話軼聞

在美國和蘇聯處於友好時期的日子裡，外界盛傳著羅斯福和史達林之間的一次電話交談。

羅斯福接通了明斯克市總機，他說：「是明斯克總機接線員嗎？」

「是的！」

「請接平斯克市總機。」電話從明斯克市轉到平斯克，又從平斯克轉到斯大林格勒。

最後接通了莫斯科大會堂，找到了史達林。

然後羅斯福拿起話筒說：「喂，是約瑟夫嗎？我是富蘭克林，『巨人隊』三分，『躲閃隊』零分。」

演員出身的美國總統

羅奈爾德·威爾遜·雷根

他是誰

羅奈爾德·威爾遜·雷根（1911年2月6日～2004年6月5日），美國政治家，第33任加利福尼亞州州長，第40任總統（1981～1989年）。雷根是一名偉大的演講家，在踏入政壇之前，他還擔任過運動廣播員、救生員、報社專欄作家、電影演員、電視節目演員和勵志講師，並是美國影視演員協會的領導人。他的演說風格高明而極具說服力，被媒體譽爲「偉大的溝通者」。歷任總統之中，雷根的就職年齡最大。同時，他是歷任總統中唯一一位演員出身的總統。

引以為豪的救生員經歷

1927年，雷根16歲時，他在狄克森附近的羅克河畔找了一份救生員的工作，並在那裡擔任救生員長達7年，據說挽救了77名溺水者。雷根對這段經歷感到十分自豪，他經常向白宮的訪客們展示掛在總統辦公室的羅克河畔的照片。

「校園裡的大角色」

1928年，雷根進入伊利諾州的尤里卡學院，主修經濟學和社會學，於1932年畢業。雷根在學業上花的時間並不多，最終只取得了中等成績，他將更多精力放在參加各種活動中。

剛剛入學的雷根就加入了一次反對減縮學院開支的罷課。第二年，雷根又加入了Tau Kappa Epsilon兄弟會，後來他回憶時，認爲加入兄弟會的這段經歷是學院生涯裡最難忘的。雷根是校園裡許多俱樂部和運動隊伍的領導人，因此也被稱爲「校園裡的大角色」。

進入好萊塢

1937年，當雷根還在擔任棒球比賽播報員時，獲得了一次試鏡機會，於是便獲得了華納兄弟公司7年的契約。他演出的第一部電影是1937年的Love Is on the Air。到了1939年結束時，他已經在19部電影裡演出過。好萊塢的星光步道（Walk of Fame）上也留有他的印記。

唯一一位在上任前離過婚的美國總統

雷根於1940年1月24日與女演員珍・惠曼結婚，1948年離婚。雷根於1952年3月4日再婚，娶了演員南茜・大衛斯。雷根也是唯一一位在上任前離過婚的美國總統。

「賓至如歸」的感覺

雷根擔任美國總統期間，一次受邀出訪加拿大，在一座城市發表演說。演說過程中，反美示威人群不時打斷他的演說，表現出強烈的反美情緒。加拿大總理皮埃爾・特魯多對這種無理的舉動感到非常尷尬，面對窘境，雷根反而面帶笑容地對他說：「這種情況在美國經常發生，我想這些人一定是特意從美國來到貴國的，可能他們想使我有一種賓至如歸的感覺。」

聽到這話，尷尬的特魯多忍不住笑了。

誰是最有權勢的人

雷根身爲美國總統，執政8年，權傾一時，他曾開玩笑說：「有人說我是全世界最有權勢的人，但我一點也不信。白宮有一位官員，每天早晨把一張小紙條放在我辦公桌上，紙條上寫著每一刻鐘我該做的事情，他才是全世界最有權勢的人。」

把劣勢變為優勢

雷根是就職年齡最大的美國總統，當時競選班底的成員們認識到，雷根需要克服的重大難題是他給人一種年紀太老的感覺。

一次，一位資深記者亨利·特里惠特向總統提出一個問題：「總統先生，您已是歷史上最年邁的總統了。您的一些幕僚們說，最近和蒙代爾先生的競選總統之戰後，您感到疲倦。我回憶起甘迺迪總統，他在古巴導彈危機中，不得不連續工作好幾天，很少睡眠。您是否懷疑過，在這種處境中您能履行職責嗎？」

雷根說：「我希望你能知道，在這場競選中我不願把年齡當做一項資本。我不打算爲了政治目的而利用我對手的年輕和缺乏經驗。」

用故事討好聽眾

一次，雷根講了一個故事討好聽眾：一位農民要到河水乾涸的小河谷中去，這片荒地覆蓋著石塊，雜草叢生，到處坑坑窪窪。他每天都會去那裡辛勤耕耘，他不斷勞作，最後荒地變成了花園，爲此他深感驕傲和幸福。某個星期日的早晨，他忙完工作後，前去邀請部長先生，問他是否樂意看看他的花園。

部長同意了，在視察過程中，他看到瓜果累累，就說：「呀！上帝肯定爲這片土地祝福過。」他看到玉米豐收，又說：「哎呀！上帝確實爲這些玉米祝福過。」接著又說：「天哪！上帝和你在這片土地上竟取得了這麼大的成績呀！」

這位農民有些忍不住了，說道：「可敬的先生，我真希望你能看到過上帝獨自管理這片土地時，這裡是什麼模樣。」

12美元的故事

雷根在11歲時踢球打碎了鄰居家的玻璃，爲此被鄰居索賠12美元。深知闖了大禍的雷根找到父親，承認了錯誤，父親拿出12美元說：「這錢可以借給你，但一年後你必須還給我」

從此，雷根開始打工賺錢。經過半年的努力，終於賺夠了12美元，還給了父親。

甘迺迪家族的驕傲

約翰・菲茨傑拉德・甘迺迪

他是誰

約翰・菲茨傑拉德・甘迺迪（1917年5月29日～1963年11月22日），通常被稱做約翰・F・甘迺迪（John F. Kennedy）、JFK或傑克・甘迺迪（Jack Kennedy），美國第35任總統，他的任期從1961年1月20日到1963年11月22日在德克薩斯州達拉斯市遇刺身亡爲止。

甘迺迪是在美國頗具影響力的甘迺迪政治家族的一員，被視爲美國自由主義的代表。在第二次世界大戰期間，他曾在南太平洋英勇救助了落水海軍船員，因而獲頒紫心勳章。

在針對總統功績的排名中，甘迺迪通常被歷史學家列在排名中上的位置，但他卻一直被大多數美國人視爲歷史上最偉大的總統之一。

死裡逃生

在第二次世界大戰中，約翰・甘迺迪指揮的魚雷艇被日本海軍擊沉。他身受重傷，逃上敵後荒島，死裡逃生，後來率領士兵歸隊。

唯一一位獲得普利策獎的美國總統

甘迺迪憑藉自己的著作《當仁不讓》獲得普利策獎，不過甘迺迪當時的身份還是參議員，他對自己的作品非常滿意，雖然本書曾經遭到華盛頓專欄作家德魯·皮爾森的質疑。

遇刺

1963年11月22日，甘迺迪夫婦到達拉斯城爲連任拉選票。中午12點30分，從街旁一座大樓射出的子彈擊中了甘迺迪的頭部，甘迺迪遇刺身亡。官方在隨後公佈的調查報告中指出，李·哈威·奧斯維德是刺殺總統的兇手。

甘迺迪的遇刺被視爲對美國歷史的發展產生決定性影響的事件之一，因爲這一事件在其後數十年中一直影響著美國政治的發展方向。

先來一千隻雪茄再說

古巴在冷戰時期被美國視爲眼中釘，甘迺迪雖然對古巴的雪茄情有獨鍾，但並未因菸癮而有所動搖。不過，據美國《紐約時報》報導，時任白宮新聞祕書皮埃爾·塞林格，至今清楚地記得1962年2月6日發生的一幕。

那天早上，甘迺迪把塞林格叫進辦公室，吩咐他「幫個小忙」——弄1000支古巴雪茄來，而且必須在次日早上完成。

「走出辦公室時，我有點懷疑自己能否完成任務。」塞林格坦言，「好在我本人也是古巴雪茄迷，知道許多專賣店，忙到深夜總算辦妥了。」

第二天上午8點，整整1200支雪茄準時送到了甘迺迪面前。他隨即微笑著打開抽屜，拿出一份資料並在上面簽名——這是一份禁止所有古巴商品進入美國的法案，從此之後，古巴雪茄在美國成了非法產品。

身不由己

一次，甘迺迪的朋友問他：「您是怎樣在第二次世界大戰中成爲英雄的？」甘迺迪想了一會兒說：「這可由不得我，是日本人炸沉了我的船。」

唯一能做的事情

甘迺迪曾在1956年的競選中輸給了對手凱弗維爾。失意後，他乘飛機去歐洲休養。一天，他在房前曬太陽，他妹妹的前夫坎菲爾德剛巧從他面前經過。坎菲爾德與甘迺迪閒聊起來，問他爲什麼想當總統。

「我想這是我唯一能做的事情。」甘迺迪漫不經心地說。

恕不署名

甘迺迪經常給一些專欄作家寫一些很幽默的信件，這些信件使這些作家既受寵若驚，又感到滑稽有趣。

一天，甘迺迪收到專欄作家倫內德．萊昂斯的一封信，信中說目前那些總統署名的照片每張價格如下：喬治．華盛頓175美元，富蘭克林．羅斯福75美元，格蘭特55美元，約翰．甘迺迪65美元。

甘迺迪回信道：

親愛的倫內德：

承蒙來信告知甘迺迪親自署名照片市場價格。價格現在已如此之高，這實在令人難以置信。為了防止市場進一步蕭條，請恕我不在這封信上簽名。

模範卸任總統

詹姆斯·厄爾·卡特

他是誰

詹姆斯·厄爾·卡特（又稱吉米·卡特，1924年10月1日～），是美國的第39任總統。卡特早年一直在軍隊中生活，1971年擔任佐治亞州州長。1976年代表美國民主黨當選總統。

卡特在任期間推行能源保護政策。外交方面，卡特也做出了積極的貢獻，如調停以色列和埃及之間的戰爭，改善美國和共產主義國家的關係等。

1980年，伊朗霍梅尼政權綁架美國大使館人質，卡特派「藍光突擊隊」救援失敗，因此在同年的競選中輸給了羅奈爾德·雷根。卸任後，卡特積極參與調停各種戰爭的斡旋工作，因此獲得2002年的諾貝爾和平獎，他也被稱爲「模範卸任總統」。

半途經商

在父親於1953年去世之後，卡特選擇退伍，返鄉繼承父業，退役時軍階爲海軍上尉。卡特回到老家普萊恩斯後，重操舊業種植花生，然後又經商買賣化肥。妻子除了照顧家務和孩子外，也幫他料理一些事務。經過多年經營，到七〇年代中期，卡特農場已擁有土地3100英畝，資產總值100萬美元。

和平使者

卡特卸任總統之後，頻繁走訪世界各地，以其個人影響力充當和平使者的角色，爲世界和平做出重大貢獻。

財務困境

卡特退休後一度陷入財政困境，他擔任總統期間，委託別人經營的花生農場破產，不得不靠寫書還債，連夫人羅莎琳都要靠出版回憶錄掙錢。

美國歷史上第一位訪問古巴的總統

卡特是自1959年古巴革命勝利以來，歷任美國總統中訪問古巴的第一人，他與卡斯楚成功舉行會談，爲改善美古關係起到了積極的作用。

無家可歸者住房工程

卡特與夫人籌建福利房工程，爲全球範圍內的無家可歸者建造住房，兩人常常不顧年事已高，親自參加施工，爲無家可歸者搭建福利房。自1984年以來，前總統卡特允許國際人類棲身地組織以他的名義實現年度吉米·卡特工作計畫。卡特每年抽出一個星期，穿上藍色牛仔褲，繫上木工圍裙，爲窮人建造房屋。

模範卸任總統

卡特一直有「模範卸任總統」之稱，因此美國人一直流行一個笑話：卡特總統不當總統時，比當總統時更稱職；柯林頓當總統時，比他不做總統時更稱職。

妙答難題

卡特在南方時曾虔誠地接受過基督教的洗禮。由於這段經歷，記者們常喜歡讓他就道德問題發表看法，其中不乏一些不太禮貌的刁難之詞。

有一次，一個記者問卡特：「如果有人告訴你，你的女兒與別人有不正當的戀愛關係，你將作何感想？」

卡特回答說：「我會大吃一驚，不知所措。」稍作中斷後他又加上一句：「不過現在還不用操心，她剛滿7歲。」

要錢要雨

一次，卡特坐飛機視察飽受旱災之苦的德克薩斯某鎮，就在他的飛機落地之前，該鎮忽然下起了雨。卡特踏上滑溜溜的機場跑道，向聚集在那裡前來歡迎他的農民微笑道：「你們或者要錢或者要雨，」他說，「我拿不出錢，所以我只好帶來了雨。」

英國溫莎王朝第四代君主
伊莉莎白二世

她是誰

伊莉莎白二世（1926年～），原名伊莉莎白・亞歷山卓・瑪麗・溫莎，全稱「承上帝洪恩的大不列顛及北愛爾蘭聯合王國及其他領土和屬地女王，英聯邦元首，國教（聖公會）的捍衛者伊莉莎白二世」。現任英國君主，英國、英聯邦及15個成員國國家元首，國教會最高首領。

在位時間第二長的國家元首

伊莉莎白二世於1952年2月6日即位，是目前在位的國家元首中，在位時間第二長的。截至2012年2月6日，伊莉莎白二世在位已達60年。

在位時間最長的國家元首是泰國國王：普密蓬・阿杜德。（在位1946年6月9日至今）

而已故國家元首中，在位時間最長的是法國國王「太陽王」路易十四，在位72年。（1643～1715年在位）

沒有護照

女王從來都沒有自己的護照，因爲在英國，所有的護照都是以女王的名義發給的。女王登基之後，她一共正式出國訪問了325次。

女王喜好

女王厭惡的事物並不算多，但她不喜歡石竹、品紅顏色、加奶布丁和帆船。她不在飲料裡加糖，但在晚飯之後，愛在口裡含一小塊糖。女王討厭亂扔衣服，自己不能穿了，就讓妹妹接著穿。

女王喜好猜字謎，這是耶誕節時最令她開心的事情。她同樣喜愛軍樂，她的臥室裡有一些軍樂磁帶。伊莉莎白和菲力浦都不喜歡羽絨被子，他們分床在毛毯裡睡覺。

不再染髮

自從1990年起，伊莉莎白女王就不再染髮。而在從前，她經常用深褐色的洗髮劑洗頭。

寫日記

與以前的英國君主一樣，女王每天都會寫一頁日記。但她從不用電腦，而是堅持用鋼筆寫日記。據說，這樣做的目的主要是防止國家和私人祕密外泄。

愛犬蘇珊

女王非常喜歡狗，在她18歲的時候，有人送給她一隻名叫蘇珊的義大利母狗，即使在度蜜月的時候她也要帶上蘇珊。而今，她照顧著一群狗，全部都是蘇珊的後代，現已繁殖到20代了。每天，女王都會親自爲心愛的狗狗們準備食物，不許別人插手。

皇冠傳說

據傳說，伊莉莎白二世王冠中間的那顆鑽石能給女人帶來幸福，給男人帶來不幸。

沉重的行李

每次出行，女王都會帶很多行李，她把所有行李都裝在一個集裝箱裡，並打上鉛封，即使海關的官員也沒有權力打開。女王在出行期間所帶行李又多又沉，1953年，在她巡訪英聯邦國家時，她共帶了2噸重的衣服。

迷信

女王很迷信，若是機艙裡沒有懸掛她的克里斯多夫銀聖牌，她是絕對不會乘坐這架飛機的。再如，當晚宴只有13位賓客時，她就讓人擺上兩張桌子，因爲13在西方國家是不吉利的數字。

拾廢鐵的女王

「二戰」期間，英國曾經掀起過一場拾廢鐵運動。爲了號召國民積極參與，女王也身先士卒，加入了拾廢鐵的行列。女王先把宮中的廢鐵收集起來堆在花園裡，又到外面去撿拾。

一天下午，女王從外面回來，得意洋洋地拖著一大塊廢鐵。正當她要把廢鐵放到花園一角時，一個男僕匆匆跑來稟報：「陛下，一個叫霍奇的農夫等在外面，說您拿了他的犁，他請您開恩將犁還給他。」

Micro-History Stories Of World's Famous People

CHAPTER 2

哲學家的烏托邦式狂想

POLITICIAN

PHILOSOPHER

SCIENTIST

LITTERATEUR

晦澀哲人
赫拉克利特

他是誰

赫拉克利特（約西元前530年～西元前470年）是一位極富傳奇色彩的哲學家。他出生在伊奧尼亞地區的愛菲斯城邦的王族家庭裡。

他本來應該繼承王位的，但是他卻將王位讓給了他的兄弟，自己跑到女神阿爾迪美斯廟附近隱居起來。

拒絕

據說，波斯國王大流士曾經寫信邀請赫拉克利特去波斯宮廷傳授希臘文化，遭到了赫拉克利特傲慢的拒絕。他說：「因爲我有一種對顯赫的恐懼，我不能到波斯去，我滿足於我的心靈既有的、渺小的東西。」

與孩童遊戲

赫拉克利特曾經和孩童們在阿爾特彌斯神廟旁玩關節骨遊戲，圍觀的人群感到十分驚訝，他則回答說：「你們這群無賴，爲什麼如此詫異？難道這不比你們參加的政治活動更好嗎？」有人問他爲什麼保持沉默，他回答說：「爲什麼？好讓你們去嘮叨！」

沒有朋友

赫拉克利特藐視人們，所以他沒有朋友。他在晚年又隱居起來，只靠野菜和水維持生命，不和任何人往來。

沒有女人

赫拉克利特身邊沒有女人，平日也避免和女人接觸，在他的作品中也只是提到，女人始終處於和男人的鬥爭之中。這是很多鬥爭中的一個，而世界就是在這樣一些鬥爭中產生的。

異類

赫拉克利特雖然出身顯貴，有機會做高官，但他卻從未接受過任何官職。他是一個異類，當時的希臘人把他看成一隻珍稀動物：夾雜著尊敬和驚奇的混合感情。

去世

據說，赫拉克利特隱居山間，以野草和藥草爲生。這種飲食使他得了水腫，得病之後，他曾到城裡找醫生，用啞謎的方式詢問醫生能否使陰雨天變得乾燥起來，醫生不懂他的意思。他跑到牛圈裡，想用牛糞的熱力把身體裡的水分吸出，結果無濟於事，去世時大約60歲。

西方哲學的奠基者
蘇格拉底

他是誰

蘇格拉底（西元前469年～西元前399年），著名的古希臘思想家、哲學家、教育家，他與學生柏拉圖，以及柏拉圖的學生亞里斯多德被並稱爲「古希臘三賢」，而蘇格拉底則被廣泛認爲是西方哲學的奠基者。

一生貧寒

蘇格拉底一生過著艱苦貧寒的生活。無論嚴寒酷暑，他都穿著一件單衣，經常不穿鞋，對吃飯也不講究。但他似乎從不在意，只是專心致志地做學問。

家有悍婦

蘇格拉底的妻子以強硬著稱，被人們稱爲悍婦。她是個心胸狹窄、言行粗魯的女人，喜歡喋喋不休地嘮叨，這常使著名哲學家蘇格拉底困窘不堪。

傳說，曾經有人問蘇格拉底「爲什麼要娶這個女人」，他風趣地答道：「擅長馬術的人總要挑烈馬騎，騎慣了烈馬，駕馭其他的馬就不在話下了。我如果能忍受這樣的女人，恐怕天下就再也沒有難於相處的人了。」

摯愛

贊西佩是蘇格拉底之妻，一生深愛著丈夫，即使在蘇格拉底窮困潦倒之時，也從未離開。當年，蘇格拉底一度貧困潦倒，穿著破舊的長袍和披風，整天遊蕩在醉漢、鞋匠、小販、老婦、藝妓之間，贊西佩的父親曾嚴厲地問她：「他什麼事也不做，只會耍嘴皮子，他連一雙鞋都沒有，就像一個叫花子。妳跟他生活，是爲了要在一起餓肚皮嗎？」

贊西佩嚴肅地答道：「就算餓死，我也要和他在一起。」

蘇格拉底也深愛著妻子，他愛著她的一切。

蘇格拉底臨刑前，對兒子說：「對媽媽要和氣……」

他順著妻子散落的頭髮說：「妳知道我們是彼此相愛的。當妳對我嘮叨時，我心裡就好受些。妳也知道，我甚至樂意聽妳嘮叨……等著吧，我們會在極樂世界見面的，在那裡我將報答妳的一切。」

受難

蘇格拉底的智慧讓那些被他視爲愚蠢的雅典政治人物感到非常憤怒，於是導致了一場對他的審判。最終，蘇格拉底被判處死刑，依據色諾芬和柏拉圖的記載，在最後時刻，蘇格拉底原本有機會逃跑，他的學生們已經準備好賄賂監獄守衛，越獄後幫助他逃離雅典。但是，蘇格拉底拒絕逃跑。

據說，蘇格拉底拒絕逃跑的原因是他認爲自己必須遵守這個城邦的法律，服從這個城邦的公民和法官，以及陪審團所審判的結果。否則他便會違反他與這個城邦的「契約」，而這樣做便違背了自己所提倡的原則。

毒酒賜死

根據當時雅典法律規定，處死犯人的刑法是賜以毒酒一杯。行刑時，送毒酒的人走了進來，蘇格拉底鎮定自若，他舉著裝有毒酒的杯子，平靜地說：「分手的時候到了，我將死，他們活下來，是誰的選擇好，只有天知道。」

之後，蘇格拉底將毒酒一飲而盡。在場的人難以抑制悲傷，蘇格拉底見狀大為不悅，他說：「你們怎麼可以這樣呢？我為了避免這種場面才打發走家裡的人，常言道：『臨危不懼，視死如歸。』請大家堅強點！」蘇格拉底接著在室內踱了一會兒，說自己兩腿發麻，便躺了下來。

送毒酒的人走過來摸了摸他的身體，感覺已經沒有熱氣。突然蘇格拉底又喃喃地說：「克利托，你過來，我們曾向克雷皮烏斯借過一隻公雞，請你不要忘記付錢給他。」說完，這位偉大的哲學家合上眼安靜地離開了人世。

冷水澆頭

據說，蘇格拉底就是為了在妻子喋喋不休的嘮叨聲中淨化自己的精神才與她結婚的。有一次，蘇格拉底正在和學生們討論學術問題、相互爭論的時候，他的妻子怒氣衝衝地跑了進來，對著蘇格拉底就是一頓大罵，然後從外面提來一桶水，用力的潑到蘇格拉底身上。

在場的學生都被嚇壞了，以爲蘇格拉底一定會怒不可遏，暴打妻子一頓，誰知蘇格拉底整了整衣服，風趣地說：「我就說嘛，打雷以後，必定會下大雨的。」

諷刺

蘇格拉底年輕時有一頭非常漂亮的頭髮。後來，由於他潛心研究哲學，用腦過度，年紀大了之後，腦門和後腦勺上的頭髮都掉光了。

一天，一位長著一頭金髮的年輕人諷刺地問道：「尊敬的大哲學家，是否頭髮越少，就意味著學問越多呢？」

蘇格拉底說：「不一定。不過，如果腦子裡面是空的，即使長著一頭濃密漂亮的頭髮，又有何用？」

快樂在哪裡

一天，一群學生問蘇格拉底：「老師，快樂在哪裡？」

蘇格拉底沒有直接回答，而是讓他們幫忙造一條船。於是，學生們暫時將尋找快樂的事放在一邊，找來造船的工具，用了49天的時間造出一條小舟。

蘇格拉底和學生一起登上小舟，一邊合力划槳，一邊齊聲唱起歌來。蘇格拉底問：「孩子們，你們快樂嗎？」

他們齊聲回答：「快樂極了！」

蘇格拉底說：「快樂就是這樣，它往往在你爲著一個明確的目的忙得無暇顧及其他的時候突然來訪。」

不生氣

一日，蘇格拉底和老朋友在雅典城裡漫步，一邊走，一邊聊天。突然從後面來了一個人，不由分說就給了蘇格拉底一棍子，然後拼命逃走。朋友見狀，立刻掉頭去追，卻被蘇格拉底拉住了。

朋友疑惑地問：「你怕那個人嗎？」

「不，我絕不是怕他。」

「人家打了你，你都不還手嗎？」

蘇格拉底笑笑說：「老朋友，你別生氣。難道一頭驢子踢你一腳，你也要還牠一腳嗎？」

蘇格拉底最有名的學生

柏拉圖

他是誰

柏拉圖（約西元前427年～西元前347年），古希臘偉大的哲學家，也是全部西方哲學乃至整個西方文化最偉大的哲學家和思想家之一。

思想分歧

在拉斐爾的名畫《雅典學院》中，位於畫卷中心的兩個人正是柏拉圖與其學生亞里斯多德，其中柏拉圖在左，右手指天，表示一切均源於神靈的啓示；亞里斯多德居右，手掌向下，意在說明現實世界才是他的研究課題。

這幅經典的名畫表達出兩個人在思想上的巨大分歧。

柏拉圖原名

按照後來第歐根尼·拉爾修的說法，柏拉圖的原名爲亞里斯多克勒斯（Aristokles），後因爲他強壯的身軀而被稱爲柏拉圖（在希臘語中，Platus一詞是「平坦、寬闊」等意思）。但第歐根尼也提出了其他說法，柏拉圖這個名字也可能來自他流暢的口才，或源於其寬廣的前額。

口才出眾

由於柏拉圖才華超眾，古希臘人稱讚他爲阿波羅之子，並盛傳在柏拉圖還是嬰兒的時候曾有蜜蜂停留在他的嘴唇上，才使得他的口才如此甜蜜流暢。

柏拉圖式愛情

這是以哲學家柏拉圖命名的一種戀愛方式，強調的是精神與心靈之戀，而非肉體間的愛欲。

柏拉圖認爲：當心靈摒棄肉體而嚮往真理的時候，這時的思想才是最美好的。而當靈魂被肉體的罪惡所感染時，人們追求真理的願望就不會得到滿足。當人類沒有了對肉欲的強烈需求時，心境是平和的，肉欲是人性中獸性的表現，是每個生物體的本性，人之所以被稱爲高等動物，是因爲人的本性中，人性強於獸性，精神交流是美好的，是道德的。

柏拉圖之死

柏拉圖於82歲時去世，死因是一天晚上撞到了某種器皿上。爲此，第歐根尼·拉爾修寫下如下文字：

跌倒在青銅器皿上，砸破了額頭，大叫一聲，不幸死去。

本段文字出自第歐根尼·拉爾修所著的《名哲言行錄》。

犬儒

第歐根尼

他是誰

第歐根尼（約西元前404年～西元前323年），古希臘哲學家，出生於一個銀行家家庭，犬儒學派的代表人物。他的真實生平難以考據，但古代留下了大量有關他的傳聞軼事。

苦行者

第歐根尼強調禁欲主義，鼓勵放棄舒適的環境。作爲一個苦行主義的身體力行者，他居住在一只木桶內，過著乞丐一樣的生活。

全部財產

第歐根尼的全部財產包括一根橄欖樹幹做的木棍，一件襤褸的衣裳，一個討飯袋和一個水杯。他每天住在市場上，晚上睡在木桶裡，這只木桶也被人們稱爲「第歐根尼的大桶」。

白日點燈

第歐根尼經常在大白天點著燈走路，每當人們詫異地問他時，他便回答說：「我正在尋找誠實的人。」

犬儒主義

第歐根尼師承蘇格拉底的弟子安提斯泰尼，以身作則發揚了老師的「犬儒哲學」，試圖顛覆一切傳統價值。他從不介意別人稱呼他爲「狗」，他甚至高呼「像狗一樣活著」。人們把他們的哲學叫做「犬儒主義」。

死亡

犬儒派哲學家主張人應該自己決定死亡的時間和地點，第歐根尼則是這個主張的第一個實踐者。據說，他是用斗篷把自己緊緊纏繞窒息而死的。

第歐根尼的判決

第歐根尼的父親是一位銀行家，不過第歐根尼在替父親管理銀行時鑄造僞幣，致使父親入獄而死，自己則被逐出了城邦。在他成爲哲學家之後，很多人以此羞辱他。第歐根尼則反唇相譏：「那時候的我正和現在的你們一樣，但你們永遠做不到和現在的我一樣。正是因爲流放，我才成了一個哲學家。他們判我流放，我判決他們監禁於城邦之內。」

第歐根尼與禿子

古希臘哲學家第歐根尼曾經遭到一個禿子的謾罵，他說：「我決不會回擊，我倒是非常欣賞你的頭髮，它早已離你那可惡的頭顱而去了。」

過河

一次，第歐根尼外出旅行，途經一條河流，當他正在爲無法過河而煩惱時，有個經常背人過河的人走了過來，把他順利地背過了河。正當第歐根尼思索如何感謝對方的時候，看見那人又在背別的人過河，於是第歐根尼走上前說：「對於剛才的事我不必再感謝你了。我現在知道，你不加選擇地這樣做，只是一種怪癖。」

找不到痰盂

一個狗仗人勢的管家帶第歐根尼參觀主人的豪宅，並警告他不得吐痰，不料，憤怒的第歐根尼當即把一口痰吐在那個管家臉上，說：「我實在找不到更合適的痰盂了。」

第歐根尼的諷刺

一次，第歐根尼看見一個妓女的孩子朝人堆裡扔石頭，他說：「小心，別打著了你父親。」

我若不是亞歷山大，我願是第歐根尼

有一次，亞歷山大大帝問他需要什麼，並保證會兌現他的願望。第歐根尼回答道：「我希望你閃到一邊去，不要遮住我的陽光。」

亞歷山大很震驚，問第歐根尼：「你不怕我嗎？」

第歐根尼反問道：「你是什麼東西，好東西還是壞東西？」

亞歷山大回答：「好東西。」

「又有誰會害怕好東西呢？」

征服過那麼多國家與民族的亞歷山大，卻無法征服第歐根尼，以至於他感歎道：「我若不是亞歷山大的話，我願意做第歐根尼。」

成為奴隸

在一次航行中，第歐根尼被海盜抓獲，海盜把他送到克里特的奴隸市場上拍賣。拍賣者問他能做什麼，他說：「治理人。」他看見一個穿著精美長袍的科林斯人，他說：「把我賣給這個人吧，他需要一個主人。」又朝那人喊道：「過來吧，你必須服從我。」

沒想到，這個名叫塞尼亞得的人當真把他買下，帶回了科林斯。在那裡，第歐根尼當起了家庭教師和管家，把家務管理得井井有條，教出的孩子個個德才兼備，因此受到了全家人的尊敬。

第歐根尼很滿意這個角色，朋友們想爲他贖身，反而被他罵爲蠢貨。他的道理是，對於像他這樣的人，身份無所謂，即使身爲奴隸，心靈仍是自由的。他在這個家庭裡安度晚年，死後由塞尼亞得的兒子安葬。

逍遙學派創始人
亞里斯多德

他是誰

亞里斯多德（西元前384年～西元前322年），古希臘斯吉塔拉人，世界古代史上最偉大的哲學家、科學家和教育家之一。亞里斯多德是柏拉圖的學生，亞歷山大大帝的老師。

西元前335年，他在雅典辦了一所叫呂克昂的學校，被稱爲逍遙學派。馬克思曾稱亞里斯多德是古希臘哲學家中最博學的人物，恩格斯稱他是古代的黑格爾。

不同之處

有人曾經問哲學家亞里斯多德：「你和平庸人有什麼不同？」

「他們活著是爲了吃飯，而我吃飯是爲了活著。」哲學家回答說。

師徒分歧

有記載說，柏拉圖曾諷刺弟子亞里斯多德是一個書呆子。在學院期間，亞里斯多德就在思想上跟老師存在分歧。他曾經隱喻地說過，智慧不會隨柏拉圖一起死亡。

當柏拉圖到了晚年，他們師生間的分歧更大了，還經常發生爭吵。

吾愛吾師，吾更愛真理

亞里斯多德從17歲起，就被父親送到當時著名的柏拉圖學園，在那裡他跟隨柏拉圖學習了20年。由於他勤奮刻苦，天資聰穎，很受柏拉圖器重。

可是，柏拉圖又說：「要給亞里斯多德戴上轡繩。」意思說，亞里斯多德非常聰明，思維敏捷，不同於一般人；不加以管教，就不能成爲柏拉圖期望的人。

亞里斯多德非常尊敬他的老師，但是，在很多問題上，他又有著自己獨立的思考和見解。他曾說過這樣一句話：「我愛我的老師，但是我更愛真理。」

離開學園

西元前347年，柏拉圖去世，亞里斯多德繼續在雅典待了兩年。由於學園的新領導者比較贊同柏拉圖哲學中的數學傾向，令亞里斯多德無法忍受，他離開了雅典。此後，他開始遊歷各地。

眾說紛紜的死因

當亞歷山大去世的消息傳到雅典時，那裡立刻掀起了反馬其頓的狂潮，雅典人攻擊亞里斯多德，並判他不敬神罪，當年蘇格拉底就是因爲這條罪名而被判處死刑的。不過，亞里斯多德選擇逃出雅典。

然而，僅僅一年之後，即西元前322年，亞里斯多德因身染重病離開人世，享年63歲。關於亞里斯多德死亡的原因眾說紛紜，有人說他是被毒死的，也有人說是他由於無法解釋潮汐現象而跳海自殺的，這些傳言完全沒有史實根據。

中世紀哲學之父

約翰·斯考特·愛留根納

他是誰

約翰·斯考特·愛留根納（約800～877年）是「加洛林朝文化復興」時期最著名的學者，愛爾蘭人。愛留根納通曉希臘文，曾將僞狄奧尼修斯的著作譯成拉丁文，定名爲《大法官書》。他的代表作是《論自然的區分》、《論神的預定》等。他建立了中世紀第一個完整的哲學體系，成爲這一時期獨具一格的哲學家，被稱爲「中世紀哲學之父」。黑格爾認爲，這個時期真正的哲學是從愛留根納開始的。

愛爾蘭人與笨蛋的距離

愛留根納與羅馬帝國的查理大帝關係融洽，兩人之間不像君臣關係，反而倒有點像「哥們兒」。一次用餐時，查理大帝發現「愛爾蘭」和「笨蛋」兩個詞的讀音十分相近，就想借機調侃愛爾蘭出生的哲學家愛留根納。

查理大帝說：「你說愛爾蘭人和笨蛋相差有多遠？」

愛留根納聽出了其中玄機，會心一笑，對桌子對面的查理說道：「就隔一張桌子那麼遠，陛下。」查理大帝不以爲忤，哈哈大笑。

失蹤

在基督教思想占統治地位的年代裡，愛留根納哲學中的自由思想讓他與教會勢不兩立，他的著作在855年和859年兩次宗教會議中都飽受譴責，後世的教皇霍諾留斯甚至下令焚毀《論自然的區分》的全部抄本。

865年，教皇尼古拉一世要求禿頭查理（查理大帝之孫）將愛留根納交付羅馬接受審判，或者將他逐出宮廷學校。

由於禿頭查理的庇護，愛留根納才倖免於難。但在禿頭查理於877年去世之後，愛留根納就失蹤了。傳說他作爲修道院長被修士們謀殺，但迄今爲止未得證實。

古典經驗論的始祖

法蘭西斯．培根

他是誰

法蘭西斯．培根，第一代聖阿爾本子爵（1561年1月22日～1626年4月9日），英國散文作家、法學家、哲學家、政治家，是古典經驗論的始祖。

身敗名裂

1621年，培根被國會指控貪污受賄，被高級法庭判處罰金4萬磅，監禁於倫敦塔內，終生逐出宮廷，不得任議員和官職。雖然後來罰金和監禁皆被豁免，但培根卻因此而身敗名裂。從此不理政事，開始專心從事理論著述。

病逝

1626年3月底的一天，培根坐車途經倫敦北郊。當時他正在潛心研究冷熱理論及其實際應用問題。當路過一片雪地時，他突發奇想，要在此做一個實驗，他宰了一隻雞，把雪填進雞肚子，以便觀察冷凍在防腐上的作用。但由於他身體孱弱，經受不住風寒的侵襲，支氣管炎復發，病情惡化，於1626年4月9日清晨病逝。

難成親戚

一次，培根家裡來了一名不速之客，此人名叫荷克，是一名慣匪。法院正在對他進行偵訊起訴，他很有可能被判處死刑，於是他請培根救他一命，理由是：「荷克」（hog，意爲「豬」）和培根（bacon，意爲「熏肉」）有親屬關係！

培根笑著回答說：「朋友，你若不被吊死，我們是沒法成爲親戚的，因爲豬要死後才能變成熏肉！」

會說話

有一次，伊莉莎白女王拜訪培根的府邸。由於女王長期生活在豪華的宮殿中，平時也多來往於達官顯貴們奢侈華貴的住宅，當她看到這位大法官的宅第時，不禁驚歎道：「你的住宅太小了啊！」

培根站在女王身邊，仔細看了自己的房舍後，聳聳肩說：「陛下，我的住宅其實並不小，只是因爲陛下抬舉我，光臨寒舍，才使它顯得小了。」

我思故我在
笛卡爾

他是誰

勒內·笛卡爾（1596～1650年），法國著名哲學家、科學家和數學家。他對現代數學的發展做出了重要的貢獻，被認為是解析幾何之父。他還是西方現代哲學思想的奠基人，是近代唯物論的開拓者，並提出了「普遍懷疑」的主張。他的哲學思想深深影響了之後的幾代歐洲人，開創了所謂的「歐陸理性主義」哲學。

靈感

1619年11月10日，笛卡爾生病了，他躺在床上休息。突然，一隻在天花板上面爬來爬去的蜘蛛引起了他的注意。

當時，一個幾何問題正在困擾著笛卡爾，直到看到這隻蜘蛛才豁然開朗：能不能用兩面牆的交線及牆與天花板的交線，來確定它的空間位置呢？想到這裡，笛卡爾立即起身，在紙上畫了三條互相垂直的直線，分別表示兩牆面的交線和牆與天花板的交線，用一個點表示空間的蜘蛛。這樣，蜘蛛在空中的位置就可以準確地標出來了。

笛卡爾寫道：「第二天，我開始懂得這驚人發現的基本原理。」這就是指他得到了建立解析幾何的線索。後來，由這樣兩兩互相垂直的直線所組成的座標系，被人們稱之爲笛卡爾座標系。

有情無分

歐洲大陸爆發黑死病時，笛卡爾來到了瑞典，在那裡，他認識了瑞典一個小公國18歲的克莉絲蒂娜公主，後成爲她的數學老師。日久生情，兩人彼此產生愛慕之心，然而國王得知此事後勃然大怒，下令將笛卡爾處死，後因女兒求情將其流放至法國，克莉絲蒂娜公主也被父親軟禁起來。

心臟線情書

瑞典國王將笛卡爾和克莉絲蒂娜公主拆散後，還沒收了之後笛卡爾寫給公主的所有信件。後來，笛卡爾染上黑死病，臨死前給公主寄去了最後一封信，信中只寫著一行字：$r=a(1-\sin\theta)$。國王和大臣們都看不懂這是什麼意思，只好交還給公主。公主在紙上建立了極座標系，用筆在上面描下方程的點，看到了方程所表示的心臟線，理解了笛卡爾對自己的深深愛意。

這則逸事被證實只是傳聞。歷史上，笛卡爾和克莉絲蒂娜的確有過交情。但笛卡爾是1649年10月4日應克莉絲蒂娜邀請才來到瑞典，而當時克莉絲蒂娜已成爲了瑞典女王。此外，笛卡爾真正的死因是天氣寒冷加上過度操勞患上的肺炎，而不是黑死病。

笛卡爾之死

1949年冬，笛卡爾應瑞典女王克莉絲蒂娜的邀請，來到了斯德哥爾摩，任宮廷哲學家，為瑞典女王授課。然而，由於笛卡爾身體孱弱，無法適應瑞典的嚴寒天氣，1650年初便患肺炎抱病不起，同年二月病逝。

三個奇特的夢

據說，笛卡爾曾在一個晚上做了三個奇特的夢。第一個夢是：笛卡爾夢到自己被風暴吹到一個沒有風的地方；第二個夢是：他得到了打開自然寶庫的鑰匙；第三個夢是：他開闢了通向真理的道路。

這三個奇特的夢增強了他創立新學說的信心，這一天被視為笛卡爾思想上的轉捩點，有些學者也把這一天定為解析幾何的誕生日。

救命之恩

據說，有一次笛卡爾和他的僕人一起乘船駛往法國，但不曾想到這是一艘海盜船，船長和大副用荷蘭語密謀，準備殺害這兩個法國人並搶奪他們的財物。幸好，笛卡爾聽懂了他們的談話，悄悄做準備，制服了船長，最終安全回到了法國。

可以說，正是之前別克曼教授教會了笛卡爾荷蘭話，才在海盜船上救了他一命。

西方近代哲學史重要的理性主義者

巴魯赫·斯賓諾莎

他是誰

巴魯赫·斯賓諾莎（1632年11月24日～1677年2月21日），荷蘭哲學家，後改名爲貝內迪特·斯賓諾莎，被譽爲西方近代哲學史重要的理性主義者，與笛卡爾和萊布尼茲齊名。他是西方近代唯物論、無神論和唯理論的主要代表。主要著作有：《神學政治論》、《倫理學》、《理智改進論》、《笛卡爾哲學原理》等。

家世

斯賓諾莎的祖先是居住在西班牙的猶太人。1492年，因西班牙政府和天主教教會對猶太人的宗教和種族迫害，舉家逃難到葡萄牙，後又於1592年逃亡到荷蘭。祖父亞伯拉罕·德·斯賓諾莎是一位很受人尊敬的猶太商人，曾在阿姆斯特丹猶太人公會擔任要職；父親邁克爾·德·斯賓諾莎繼承其父的事業，在阿姆斯特丹經營進出口貿易，並擔任猶太人公會會長和猶太教會學校校長。

斯賓諾莎的家境寬裕，因此得以進入當地的猶太神學校，學習希伯來文、猶太法典以及中世紀的猶太哲學等。

破舊的睡袍

一次，一位高官到萊茵斯堡去探訪著名哲學家斯賓諾莎，那時斯賓諾莎需要靠打磨光學鏡片來維持生計。當這位高官看到斯賓諾莎穿著破舊的睡袍時，顯得十分吃驚，表示要送他一身新睡袍。斯賓諾莎平靜地說，一個人並不會因爲有了一件好睡袍而變得更有價值，同樣，「給一文不值的東西加個昂貴的包裝是極不合理的」。

以牙還牙

斯賓諾莎的一位學生最終皈依了天主教，一次，他寫信質問斯賓諾莎：「你以爲你終於發現了真正的哲學，那麼你怎麼知道你的哲學是過去、現在、將來世界上所有哲學中最好的呢？……你是否已經研究過全世界的哲學思想呢？就算你把它們全都看了一遍，你又怎麼知道你的選擇是最好的呢？」

斯賓諾莎在給這位學生的回信中寫道：「你以爲你終於發現了最好的宗教……你怎麼知道它們是過去、現在、將來所有宗教中最好的呢？……就算你已經把它們都很好地看了一遍，你又怎麼知道你的選擇是最好的呢？」

十七世紀的亞里斯多德
萊布尼茲

他是誰

戈特弗里德・威廉・萊布尼茲（1646～1716年），德國哲學家、數學家。他的研究涉及法學、力學、光學、語言學等40多個領域，被人們譽爲十七世紀的亞里斯多德。和牛頓先後獨立發明了微積分。

天地間沒有完全相同的東西

有一次，萊布尼茲應邀去宮廷講學。當他講到「凡物莫不相異」，「天地間從來沒有彼此完全相同的東西」時，許多人半信半疑，於是，官員發動宮女們去宮廷園林中撿樹葉，結果，在宮女們收集的大量樹葉之中，始終也沒能找到兩片大小、顏色、厚薄、形態等完全相同的樹葉。人們不得不在哲學家面前折服。

終身未婚皆因「太過忙碌」

萊布尼茲是位早熟的天才，8歲時便能破譯密碼，15歲時上大學，17歲時發表了《單子論》，20歲時獲法學博士學位，與牛頓並稱爲微積分的創始人。然而，這位被世人景仰的天才卻終身未婚，或許這正是因爲這位天才「一生太忙碌」吧！

什麼都不信的人

萊布尼茲沒有在大學當教授，他平時從不進教堂，因此他有一個綽號「Lovenix」，即什麼也不信的人。

他去世時教士以此爲藉口，不予理睬，曾雇傭過他的宮廷也沒人前來弔唁。

貝克萊主教

喬治・貝克萊

他是誰

喬治・貝克萊（1685～1753年），通稱爲貝克萊主教。他是愛爾蘭哲學家，與約翰・洛克和大衛・休謨被認爲是英國近代經驗主義哲學家的三位代表人物。他著有《視覺新論》（1709年）和《人類知識原理》（1710年）等。美國加州的柏克萊市是以喬治・貝克萊的名字命名的。耶魯大學也有一個本科寄宿學院是以他的名字命名的。

存在就是被感知

一次，貝克萊與一位朋友在花園裡散步，他的朋友不小心踢到了一塊石頭，於是對貝克萊的「存在就是被感知」的觀點提出了疑問：「我剛才沒有注意到這塊石頭，那麼這塊被我踢了一腳的石頭是否存在呢？」

貝克萊略加思索後說道：「當你的腳感覺到痛了，石頭就是存在的；而如果你的腳沒有感覺到痛，石頭當然就不存在。」

如此論斷

貝克萊在其《關於愛國主義的格言》中這樣說道：「誰若

說世間無好人，你可以斷定他本人就是個歹徒。」

如此謙虛

一天，貝克萊的學生在課堂上提問：「先生，您認爲誰是當代最傑出的哲學家？」

貝克萊遲疑片刻，面帶難色地回答道：「我是一個很謙虛的人，所以我很難說出這位哲學家的名字，但作爲真理的追求者，我又不能不說真話。這回你應當知道他是誰了吧？」

法蘭西思想之王
伏爾泰

他是誰

伏爾泰（1694年11月21日～1778年5月30日），原名弗朗索瓦－馬利·阿魯埃，伏爾泰是他的筆名，法國啓蒙思想家、文學家、哲學家。伏爾泰是十八世紀法國資產階級啓蒙運動的旗手，被譽爲「法蘭西思想之王」、「法蘭西最優秀的詩人」、「歐洲的良心」。

隱居

1726～1729年，伏爾泰避居英國，期間潛心研究英國的政治制度、哲學和文藝，回國後發表《哲學書簡》（又名《英國書簡》），宣揚英國資產階級革命後的成就，抨擊法國的專制政體。然而，此書一經出版便被查禁，巴黎法院下令逮捕作者。伏爾泰逃至女友愛特萊夫人在西雷村的莊園，隱居15年。

收留難民

1760年，法國發生宗教派系鬥爭，造成大批逃難者。伏爾泰在自己的莊園內，先後收留過上百戶難民。他還多次打抱不平，替窮苦人伸張正義，平反冤案。

王者歸來

1778年2月，84歲高齡的伏爾泰回到闊別28年之久的巴黎。消息一經傳開，全城躁動，人們欣喜若狂，紛紛湧到伏爾泰的下榻處，歡迎思想之王的歸來。有些婦女還趁伏爾泰經過時，偷偷從他的皮衣上拔下一兩根毛，當做聖物保存。

遺囑

臨終前，伏爾泰交代了自己的後事：把棺材一半埋在教堂裡，一半埋在教堂外。意思是說，上帝讓他上天堂，他就從教堂這邊上天堂；上帝讓他下地獄，他可以從棺材的另一頭悄悄溜走。

後事悲慘

1778年5月30日晚上11時，伏爾泰與世長辭。反動教會對這位褻瀆宗教的宿敵恨之入骨，下令連夜將他的屍體運出巴黎，棄之荒塚。

伏爾泰的謝絕

受人尊敬的大哲學家伏爾泰也曾參加了一個爲人不齒的團體狂歡活動。他爲自己找了一個很有說服力的理由。可第二天晚上，他們再次邀請他參加卻被拒絕了。

「噢，夥計。」伏爾泰神祕地說，「去一次，不失爲一個哲學家；去兩次，就跟你們同流合污啦。」

客氣話

1717年，伏爾泰因爲譏諷攝政王奧爾良公爵，被囚禁在巴士底獄長達11個月。出獄後，吃夠了苦頭的哲學家知道此人冒犯不得，便去感謝他的寬宏大量，不計前嫌。攝政王也深知伏爾泰的影響，想借此同他和解。於是，兩人都講了許多恰到好處的抱歉之辭。最後，伏爾泰又一次深表感激：「陛下，您真是助人爲樂，爲我解決了這麼長時間的食宿問題，我衷心地再次向您表示感謝。今後，您就不必再爲這事替我操心啦！」

慢性毒藥

伏爾泰愛喝咖啡，而且癮很大，一生中喝了數量驚人的咖啡。有個好心人曾告誡他說：「別再喝這種飲料了，這是一種慢性毒藥，你是在慢性自殺！」

「你說得很對，我想它一定是慢性的。」這位年邁的哲學家說，「要不然，爲什麼我已經喝了65年還沒有死呢？」

錯誤的讚美

伏爾泰性格放蕩不羈，敢於譏諷當時的大人物，就連攝政王都不放在眼裡，這讓他後來飽嘗苦頭。一天，伏爾泰將一名同輩作家盛讚一番。他的一位朋友當即指出：「聽到您這樣慷慨地讚揚這位先生，我真感到遺憾。要知道，就是這位先生在背後經常說您的不是。」

「這樣看來，我們兩個人都說錯了。」伏爾泰說道。

蘇格蘭啟蒙運動代表人物

大衛・休謨

他是誰

大衛・休謨（1711～1776年），蘇格蘭哲學家，出生在蘇格蘭的一個貴族家庭，學過法律，並從事過商業活動。1734年，休謨第一次到法國，在法國他開始研究哲學，並從事著述職業。1763年，休謨再赴法國，擔任英國駐法國使館的祕書，代理過公使。1752年至1761年，休謨曾進行過英國史的編撰工作。休謨的主要著作有：《人性論》（1739～1740年）、《人類理解研究》（1748年）、《道德原則研究》（1752年）和《宗教的自然史》（1757年）等。與約翰・洛克（JohnLocke）及喬治・貝克萊（GeorgeBerkeley）並稱三大英國經驗主義者。

身世及改名

大衛・休謨原名大衛・休姆，他在1734年將名字從休姆改爲休謨，因爲英國人很難以蘇格蘭的方式正確念出休姆這個名字。

大衛・休謨出生於蘇格蘭愛丁堡的一座公寓裡，父親是在甯威爾區擔任律師的約瑟夫・休姆，母親是法爾科內夫人。

職業選擇

在那個年代，一個貧窮的蘇格蘭人能選擇的職業十分有限，休謨面對的是成為家庭教師或是成為商人這兩個選項，他最後選擇了後者。

轉變職業

1734年，在布里斯托經商數月之後，休謨前往法國安茹的拉弗萊舍旅遊，在那裡休謨經常與來自Prytanée軍事學校的耶穌會學生進行哲學討論，勒奈・笛卡爾也畢業於此。

在那裡，休謨為自己訂下了職業生涯計畫，決心要「過極其簡樸的生活以應付我那有限的財產，以此確保我的獨立自主性，並且不用考慮任何除了增進我的文學天分以外的事物」。

在法國定居時，休謨完成了《人性論》一書，當時他年僅26歲。

不受重視的《人性論》

雖然現代的學者們大多將《人性論》一書視為是休謨最重要的一本著作或哲學歷史上最重要的著作之一，但此書剛剛問世時並沒有獲得多少重視。休謨自己寫道：「媒體對這本書的反應一片死寂，甚至連那些狂熱的讀者群都沒有絲毫交代。不過我本來就有樂觀開朗的個性，很快就從這樣的挫折裡站了起來，並繼續努力進行研究。」

太老、太胖、太懶、太富

休謨的晚年生活十分寬裕，退休後每年還能拿到1000英鎊的退休金和書稿費。他在愛丁堡圖書館做管理員時寫的《大不列顛史》是一本重印多次的暢銷書，身邊的朋友都勸他再寫續集，一直寫到當代。然而，休謨卻說：「你們已經給了我太多的榮譽，先生們，但我不想再寫了，理由有四點：我太老了，太胖了，太懶了，太富了。」

難道敵人還少嗎？

休謨在去世前不久出席過一次晚宴，宴會上有一位客人抱怨說這個世界充滿敵意，人與人之間的對立太深了。對此，休謨不以為然。「不，並非如你所說。」他語重心長地說，「你看，我以前寫過引起敵意的各種題目，道德的，政治的，經濟的，還有宗教的，可除了輝格黨人、托利黨人以及基督教徒以外，我卻沒有任何敵人。」

與亡靈擺渡人的談話

在休謨的一生中，對宗教理論和迷信的批判是他畢生的事業。在他去世之前，亞當・斯密去看望他，休謨風趣地對他談到自己即將到來的末日時說道：

「我來到卡倫（Charon，亡靈擺渡人，即把死者用船渡過冥河送到陰間的神）的渡船邊，想拖延上船的時間，可我既無未了的怨與仇，又無家庭的後顧之憂，所以我只好說：『卡倫先生，我一直在修訂我的著作，請給我一點時間使我能看到公眾對修訂版的反應。』誰料卡倫卻回答說：『如果你看到了結果，你會再次改動的，你的這個藉口就會永無休止。尊敬的朋友，還是請你上船吧！』我說：『卡倫先生，請耐心一點，我一直在努力使公眾睜開他們的眼睛。如果我再多活幾年，我就可以滿意地看到某些流行的迷信體系垮臺了。』」

浪漫主義運動之父

讓·雅克·盧梭

他是誰

讓·雅克·盧梭（1712～1778年），法國偉大的啓蒙思想家、哲學家、教育家、文學家，是18世紀法國大革命的思想先驅，啓蒙運動最卓越的代表人物之一。主要著作有《論人類不平等的起源和基礎》、《社會契約論》、《愛彌兒》、《懺悔錄》、《新愛洛綺絲》、《植物學通信》等。同時，他還被譽爲浪漫主義運動之父。

日內瓦的孤兒

盧梭出生在瑞士日內瓦的一個鐘錶匠家庭，祖上是從法國流亡到瑞士的教徒。他的母親因他出生時難產而去世。他有一個兄長，在他很小的時候就離家出走了，從此杳無音信。

由於貧困，盧梭沒有受過系統性的教育，但他酷愛讀書。後來，爲了生計，父親將他送去當學徒，之後小盧梭因爲受不了苛待，在16歲時離家出走，一個人流浪。在此期間，他當過學徒、雜役、家庭書記、教師、流浪音樂家等，後又被通緝流亡國外。

朋友與敵人

盧梭認識很多那個時代的著名思想家，但最終關係都鬧得很僵，反目成仇。這些人中包括法國的伏爾泰、狄德羅，英國的大衛．休謨。

私生活混亂

盧梭一生與多位女性有染，最重要的兩人是華倫夫人和戴萊斯。華倫夫人在盧梭早年的生活中扮演了保護人、朋友、情婦、精神上的母親等多重角色。

離開華倫夫人之後，盧梭與女僕戴萊絲．勒．瓦瑟同居。對於戴萊斯，盧梭同樣抱有多種複雜的感情。戴萊斯陪伴盧梭走完了後半生，盧梭只是在晚年和其舉行了一個極爲簡單的婚禮。

此前，戴萊斯爲盧梭共生育了五個孩子，全部被盧梭送進了巴黎的育嬰堂，而盧梭只是在後來草草地尋找了一次他留了標籤的第一個孩子。

盧梭的敵人之一伏爾泰在一本匿名發表的《公民們的感情》一書中記錄了盧梭拋棄其親生孩子的事實。

性虐待及暴露狂

盧梭的私人生活成爲性研究的對象，他在《懺悔錄》裡曾提及，8歲受到女教師蘭貝爾斯的鞭罰時帶來的「肉欲的快感」，「正是這種懲罰註定了我終生的趣味、欲望和感情」。

成年後，盧梭對於年輕少女情有獨鍾，心中充滿性虐的渴望，夢想著被年輕女人鞭打、虐待。同時，他還喜歡裸露身體，他曾躲在黑暗的街頭向陌生女子露出他的臀部。雖然他深知這是一個非常愚蠢的行爲，但每次這樣做時總會帶來無比的性滿足。有一次，他被一名男子逮到。

死於窮困潦倒

1778年7月2日，已患「逼害性心理分裂症」的盧梭在巴黎東北面的阿蒙農維拉去世。盧梭死的時候窮困潦倒，死前曾被馬車撞翻過，又被狗撲傷踐踏。

漂亮的絲帶

在《懺悔錄》中，記錄著這樣一件事：

盧梭小時候家境貧寒，爲了謀生，只好到一個伯爵家去當小傭人。伯爵家的一個侍女有條漂亮的絲帶，盧梭非常喜愛。一天，盧梭趁沒人的時候，從侍女床頭拿走小絲帶，跑到院裡玩賞起來。

正在這時候，有個僕人發現了盧梭手中的小絲帶，立刻報告了伯爵。伯爵大爲惱火，就把盧梭叫到身旁，厲聲追問起來。

小盧梭緊張極了，心想，如果承認絲帶是自己拿的，那他一定會丟掉工作。他結巴了好大一會兒，最後竟然編造了一個謊言，一口咬定是小廚娘瑪麗永給他偷的。

伯爵找來善良老實的瑪麗永對質，她一邊流淚，一邊說：

「不是我，絕不是我！」可盧梭呢？卻死死咬住了瑪麗永，並把事情的所謂「經過」編造得有鼻子有眼。

伯爵大怒，索性將兩人同時辭退。當兩人離開伯爵家時，一位長者意味深長地說：「你們之中必有一個是無辜的，說謊的人一定會受到良心的懲罰！」

果然，這件事給盧梭帶來終身的痛苦。40年後，他在自傳《懺悔錄》中坦白說：「這種沉重的負擔一直壓在我的良心上……促使我決心撰寫這部懺悔錄。」「這種殘酷的回憶，常常使我苦惱，在我苦惱得睡不著的時候，便看到這個可憐的姑娘前來譴責我的罪行……」

德國古典哲學的創始人

伊曼努爾・康德

他是誰

伊曼努爾・康德（1724年4月22日～1804年2月12日），德國哲學家、天文學家、星雲說的創立者之一、德國古典哲學的創始人、唯心主義、不可知論者、德國古典美學的奠定者。他被認爲是對現代歐洲最具影響力的思想家之一，也是啓蒙運動最後一位主要哲學家。

散步不張嘴

康德有散步的習慣，每天午後三點半，他都會準時出現在東普魯士柯尼斯堡一條栽種著菩提樹的小道上。更有意思的是，他在散步時從不開口說話，只用鼻子呼吸，據說他認爲在路上張開嘴不衛生。

「心胸狹窄」

有人說康德的心胸狹窄，那是指他的外形，因爲他胸部凹陷，胸腔狹小。不過，沒人否認康德擁有無比廣闊的精神天空。

不曾遠行

康德此生從未遠行，他幾乎一生沒有離開過哥尼斯堡。據說因爲自幼身體不好，他在給友人的信中曾寫道：「我胸腔狹窄，心臟和肺的活動空間很小，天生就有疑心病症傾向，小時候甚至十分厭世。」

教訓

據說，康德的守時還是受他的朋友查理的影響。查理是一名商人，對時間非常苛刻，他很守時，同時也要求別人守時。一次，兩人相約一起出行，約好早上8點在查理家集合，查理7：55分準時走出家門，8點一到就吩咐車夫出發，儘管在過橋的時候看到康德正在氣喘吁吁地跑來，但他卻視而不見，沒有減速，把康德遠遠甩在了後面，從此康德再也沒有遲到過。

守時

康德的另一個習慣就是守時，無論做什麼事情，他都像精確的鐘錶一樣守時。以散步爲例，每天午後三點半，他都會準時出現在東普魯士柯尼斯堡的小路上，風雨無阻。有時候，市民們滿懷敬意地與他打招呼後，總是趁機校正自己的鐘錶。因爲康德在此出現，一定是下午三點半。

然而，有一次，鄰居們沒有準時看到他，大家都很擔心，原來當時他沉浸在盧梭的《愛彌爾》之中，以至於忘了時間。這也是數十年間，他唯一一次沒有準時出現。

生活規律

康德的生活非常規律，每天早晨五點起床，用兩個小時學習，兩個小時授課，寫作到下午一點，然後去一家餐館進餐。下午三點半，他準時散步一個小時，剩餘的時間裡，他讀書、寫作，準備第二天的講課。晚上九點到十點間睡覺。

恐懼婚姻

康德之所以不結婚，是因爲從內心對婚姻感到恐懼，他害怕做愛使自己衰老。他曾說，人生只有兩件壞事——衰老和結婚。74歲時，他寫道：「未婚（或者很早喪偶）的老人比已婚者更易長保青春，而這也很可能是長壽的原因。」據說他還有柯城男性居民壽命統計表爲證。

康德不結婚還有另外的原因，就是惜金：「當我需要女人時，我養不起她們；當我養得起時，我不需要了。」

娶妻的衝動

康德的生活規律且乏味，據說他也有過娶妻的衝動，只不過都沒能成功。一次當他準備娶妻並爲此盤算自己的財產時，被人捷足先登；另一次則是偶然邂逅了一位來柯尼斯堡旅遊的年輕女子，當他還在對是否求婚進行哲學論證的時候，這位女子已經離開了柯尼斯堡，此後芳蹤難覓。海涅對此評價說：「康德的生平履歷很難描寫，因爲他既沒有生活過，也沒有經歷什麼。」

沒有債主

康德雖然家境貧寒，但他最大的優點就是不欠錢。他曾說：「當任何人敲我的門時，我可以永遠懷著平靜愉快的心情說：『請進。』因爲我肯定，門外站著的不是我的債主。」

請客的規矩

第一，康德從不宴請女客；

第二，客人不能少於三位，也不能超過九位；

第三，客人平均年齡在50歲左右；

第四，客人中至少有一位醫生，且每天必討論一種疾病及其療法。

「凡是合理的都是存在的，凡是存在的都是合理的。」 黑格爾

他是誰

格奧爾格·威廉·弗里德里希·黑格爾（1770～1831年），德國哲學家，出生於今天德國西南部巴登-符騰堡首府斯圖加特。很多人認為，黑格爾的思想，代表了十九世紀德國唯心主義哲學運動的頂峰，對後世哲學流派，如存在主義和馬克思的歷史唯物主義都產生了深遠的影響。

不過問家事

據說，有一次黑格爾的家中不慎失火，驚慌失措的僕人跑進書房通知黑格爾。一進門，僕人就對著正在書房裡思考的黑格爾大嚷：「不好了，不好了，家裡起火了！」

黑格爾聽後不慌不忙地說：「都跟你說過很多次了，家裡的事應該去告訴我太太，讓她來解決，難道你不知道我不過問家事嗎？」

矛盾

身為教師的黑格爾，有一次在打檯球時不小心撞到了一位學生，沒想到這個學生脾氣相當暴躁，對著黑格爾便嚷了起來：「您怎麼回事啊？把我當什麼了？」黑格爾為了讓對方平

靜下來，平靜地答道：「我把您當做一個有教養的年輕人，一個和我一樣對爭吵沒有興趣的人。」

顯然，這個學生沒有領會黑格爾的話，繼續咄咄逼人地說：「可是您在我眼中卻是個粗魯的人！」

「那我很遺憾，」黑格爾繼續平靜地答道，「我們兩個人都錯了。」

木頭人

黑格爾在耶拿大學做編外講師的時候被學生們稱爲「木頭人」，這是因爲他講課的時候總是一副嚴肅的表情，思考問題的時候經常發呆，有時候爲了想一個問題，他竟會在原地待上一天一夜。

黑格爾喜歡在散步時思考問題，有時下起雨來他也渾然不覺。曾經有一次，黑格爾光著一隻腳走進了教室，他的另一隻鞋不知什麼時候陷在了爛泥中，而他竟根本沒有察覺到。後來，還是學生們幫他找回了那隻丟失的鞋。

悲觀主義哲學家
亞瑟・叔本華

他是誰

亞瑟・叔本華（1788～1860年），德國著名哲學家。父親海因里希・弗洛里斯・叔本華是一位非常成功的商人，後自殺。母親約翰娜・叔本華是當時頗有名氣的作家，與歌德等文豪有交往。他和母親的關係一直不好，隔閡非常深，直至最後關係破裂。但由於繼承了父親的財產，叔本華的一生過著富裕的生活。死後，叔本華將所有財產捐獻給了慈善事業。

「只有男人才稱得上真正的人」

叔本華終身未娶，雖然年輕時曾與一些女士有過愉快的交往，據說還留下了愛情結晶，然而他仍然對女人抱有偏見：「只有被性欲迷惑的男性才會稱那些身材矮小、肩膀瘦削、寬臀短腿的女性漂亮。我們更有理由說她們是不幽雅的性別。她們對音樂、藝術和繪畫都沒有真正的感覺和敏銳，有的只是愚蠢，爲了達到目的而矯揉造作、虛情假意。」

叔本華認爲：「只有男人才稱得上真正的人。」

如果不是我配不上這個時代，那就是這個時代配不上我

1814～1819年間，叔本華完成了他的代表作品《作爲意志

和表像的世界》，這部作品受到了印度哲學的影響，被認爲是將東方和西方思想融合的首部作品，但發表後無人問津。叔本華這樣評價這部作品：「如果不是我配不上這個時代，那就是這個時代配不上我。」

受挫

《作爲意志和表像的世界》發表後雖然鮮有人問津，但叔本華卻因此獲得了柏林大學編外教授的資格，在大學授課期間，叔本華選擇與自己認爲是沽名釣譽的詭辯家的黑格爾同一時間授課。但黑格爾當時聲名大噪，叔本華輸得一敗塗地，很快他的班上就只剩下兩三個人，最後一個也不剩了。所以，叔本華只能淒涼地離開柏林大學。

有規律的生活

和康德一樣，叔本華的生活也非常有規律。每天早上7點到8點起床，洗完冷水澡以後喝上一杯咖啡，然後埋頭一直寫作到中午。在他看來，這段時間是最寶貴的，只用於思考和寫作。所以，他禁止任何人（包括傭人）在這段時間裡說話和露面。

逝世

1860年9月20日，叔本華起床時身體感到一陣劇烈的抽搐，隨即跌倒在地，並碰傷額頭。但除此以外，叔本華並無大礙，而且當晚睡得很好。

第二天，叔本華像往常一樣起床吃早餐，他的管家爲他開窗通氣之後，便走出房間，不再打擾哲學家的工作。

過了一會兒，當叔本華的醫生進入房間時，卻發現他已經與世長辭了。

脾氣火暴

叔本華的脾氣十分暴躁，一次，他因爲受不了一個女裁縫的吵鬧，在多次勸阻無效的情況下，竟然把女裁縫推下樓梯，造成她的殘疾，叔本華也因此需要按季度付給她終生補償。在此人過世時，叔本華寫道：「老婦死，重負釋。」

打賭

叔本華曾經住在法蘭克福的旅館出租套房裡，他經常去附近的一家小飯館吃飯，那也是英國軍事人員常去的地方。

一個飯店服務員曾經目睹了一件有趣的事：

每次飯前，叔本華總要把一枚金幣放在桌上，飯後又把金幣收回自己的口袋裡。

有一天，服務員忍不住問叔本華爲什麼要這麼做。

叔本華解釋說：他每天在心裡與那些軍官們打賭，只要他們哪一天除了馬呀、狗呀、女人呀之外還能談點別的話題，他就把金幣放進教學的捐獻箱去。

叔本華的擔憂

叔本華是一個怪人，他的某些行爲實在讓人無法理解：

叔本華害怕有人趁他睡覺的時候謀害他，所以每天晚上都將一把上好子彈的手槍放在枕頭底下。

叔本華擔心理髮師爲他刮臉時割斷他的喉嚨，所以理髮後從不刮臉。

叔本華害怕被別人傳染疾病，因此無論到哪家咖啡館都會帶一只特製的皮杯子，而他要塞進嘴裡的雪茄煙斗就更不准人碰了。

叔本華怕別人偷自己的錢，便將錢都藏起來。他甚至怕別人知道他有多少錢，這些錢是怎麼花的，因此竟用一般人都看不懂的古希臘文和拉丁文來記帳；他還把貴重物品都貼上假標籤。

上帝死了
弗里德里希·威廉·尼采

他是誰

弗里德里希·威廉·尼采（1844～1900年），德國著名哲學家。西方現代哲學的開創者，同時也是卓越的詩人和散文家。尼采最早開始批判西方現代社會，然而他的學說在那個時代卻沒有引起人們重視，直到20世紀，才激起各種回響。

尼采對於後代哲學的發展影響極大，尤其是在存在主義與後現代主義上。

在開始研究哲學前，尼采是一名文字學家。24歲時尼采成爲了巴塞爾大學的古典哲學教授，但在1879年由於健康問題而辭職，之後一直飽受精神疾病煎熬。1889年尼采精神崩潰，從此再也沒有恢復，在母親和妹妹的照料下一直活到1900年去世。

孤獨的人

1849年7月，尼采的父親死於腦部疾病。數月後，年僅2歲的弟弟也去世了。年僅5歲的尼采接連目睹親人的離去，使這個天性敏感的孩子過早地領略了人生的陰暗面，這也鑄成了他憂鬱內向的性格。

尼采後來回憶說：「在我早年的生涯裡，我已經見過許多悲痛和苦難，所以全然不像孩子那樣天真爛漫、無憂無慮……從童年起，我就渴求孤獨，喜歡躲在無人打擾的地方。往往是在大自然的自由殿堂裡，我在那裡找到了真實的快樂。」

歧視女性

尼采對女性特別仇視，他曾經這樣說過：「男子應受戰爭的訓練，女子則應受再創造戰士的訓練。」又說：「你到女人那裡去嗎？可別忘了帶上你的鞭子！」

英國哲學家羅素對此極爲不滿，挖苦他說：「十個女人，有九個女人會使他把鞭子丟掉，因爲他明白了這一點，所以他才要避開女人啊！」

在女人面前害羞

事實上，尼采在女人面前總是很害羞。據說，有一次僕人錯把他帶到了妓院，他彈奏了幾段鋼琴曲後便逃之夭夭。

當兵

1867年，23歲的尼采應徵入伍。他是個大近視，又是寡婦的獨子，本來可以逃避兵役，然而在薩多瓦和色當的神聖日子裡，即便是哲學家也要去當兵。

後來，他在行軍中從馬上摔下來扭傷了胸肌並因此而退役。

晚年

1889年，長期得不到人們理解的尼采，由於無法忍受長時間的孤獨最終失去理智，在都靈大街上，他發瘋似的抱住了一匹正在飽受馬夫虐待的馬的脖子。數日後，他的朋友奧維貝克趕來都靈，把他帶回柏林。尼采進入了生命中的最後十年，他先是住在耶拿大學精神病院。1890年5月，母親把他接到南堡的家中照料。

無神論者

伯特蘭·羅素

他是誰

伯特蘭·羅素（1872～1970年）是二十世紀英國哲學家、數學家、邏輯學家、歷史學家，無神論或者不可知論者，也是20世紀西方最著名、影響最大的學者和和平主義社會活動家之一，與弗雷格、維特根斯坦和懷特海一同創建了分析哲學。1950年，羅素獲得諾貝爾文學獎，以表彰其「多樣且重要的作品，持續不斷地追求人道主義理想和思想自由」。

羅素共有四位夫人，第一任夫人是羅素在17歲時認識的，比他大5歲的美國人愛麗斯·皮爾索爾·史密斯。後因羅素偷情而結束了這段婚姻。

第二任夫人朵拉，同樣無法忍受羅素在性愛方面的放蕩不羈而與他離婚。

第三任夫人皮特是他的女學生，兩人1936年結婚，這段婚姻維繫到1952年。

第四任夫人是伊蒂絲·芬奇，1952年，80歲的羅素娶了這位英語教授，她也成爲羅素一生中最後一個婚內伴侶。

羅素一生多情，染指女人甚多。羅素在《我的人生追求》一文中說：有三種簡單卻無比強烈的激情左右了我的一生：對愛的渴望，對知識的探索和對人類苦難的難以忍受的憐憫……

我尋找愛，首先是因爲它使人心醉神迷……我尋找愛，還因爲它能解除孤獨……我尋找愛，還因爲在愛的交融中……我看到了聖賢和詩人們想像出的天堂的前景。

羅素與維特根斯坦

據羅素講，維特根斯坦有一天跑到他家裡，問他：「你看我是不是一個十足的白癡？」羅素有些摸不著頭腦，維特根斯坦繼續說：「如果我是，我就去當一個飛艇駕駛員，但如果我不是，我將成爲一個哲學家。」

羅素說：「我親愛的朋友，我不知道你是不是一個十足的白癡，但如果假期裡你給我寫一篇哲學文章，我讀了之後就告訴你。」

一個月後，文章交到了羅素的手裡：「我剛讀了第一句，就相信他是個天才，並向他擔保，他無論如何不應成爲一名飛艇駕駛員。」

「羅素已死」

羅素於1920年曾到過中國大陸，然而剛到中國大陸後就生了一場大病。病後，他拒絕任何媒體的採訪，一家對此很不滿意的日本報刊登了羅素已去世的消息，後雖交涉，他們仍不願收回此消息。

在羅素回國的路上，他先到日本，這家報社又設法採訪他。作爲報復，羅素讓他的祕書給每個記者分發印好的字條，紙上寫著：「由於羅素先生已死，他無法接受採訪。」

與花園談天

一天，羅素的一位朋友來看他。走進門後，只見羅素雙眼直視花園，彷彿陷入了沉思。朋友問他：「您在苦思冥想什麼？」

「每當我和一位大科學家談話，我就肯定自己此生的幸福已經沒有希望。但每當我和我的花園談天，我就深信人生充滿了陽光。」

Micro-
History
Stories Of
World's
Famous
People

科學家逸事

MICRO-HISTORY:
STORIES OF WORLD'S
FAMOUS PEOPLE

科學怪傑的故事

CHAPTER 3

POLITICIAN

PHILOSOPHER

SCIENTIST

LITTERATEUR

力學之父

阿基米德

他是誰

阿基米德（西元前287年～西元前212年），古希臘哲學家、數學家、物理學家、科學家。據說他住在亞歷山大里亞期間發明了阿基米德式螺旋抽水機，今天在埃及仍舊使用著。後來，阿基米德成為兼數學家與力學家的偉大學者，並且享有「力學之父」的美稱。阿基米德流傳於世的數學著作有10餘種，多為希臘文手稿。第二次布匿戰爭時期，羅馬大軍圍攻敘拉古，最後阿基米德不幸死在羅馬士兵手中。

身世背景

阿基米德生於西元前287年，誕生在西西里島的敘拉古。他出身貴族之家，與敘拉古的國王希羅二世有親戚關係。阿基米德的父親是天文學家和數學家，學識淵博，為人謙遜。受父親影響，阿基米德從小就喜歡數學。

螺旋提水器

在亞歷山大里亞求學期間，阿基米德經常到尼羅河畔散步，在久旱不雨的季節，他看到農人很吃力地將水從尼羅河裡提上來澆地，後來就造出了一種螺旋提水器，透過螺杆的旋轉把水從河裡取上來，幫省了農人很大的力氣。這種螺旋提水器不僅沿用至今，而且也是當代用於水中和空中的一切螺旋推進器的原始雛形。

製造武器

阿基米德年老的時候，敘拉古和羅馬之間發生了戰爭，羅馬軍隊包圍了他的城市，爲了保衛祖國，雖然不贊成打仗，阿基米德還是開始研製新式武器，他製造了一種叫做石弩的拋石機，把大石塊投向羅馬軍隊的戰艦和士兵。

此外，阿基米德還發明了多種武器，來阻擋羅馬軍隊的前進。最後，羅馬士兵沒人再敢向前半步，他們被阿基米德嚇得失魂落魄，認爲他會製造出各種各樣新奇的武器，能輕而易舉地使他們一命嗚呼。

化險為夷

一次，羅馬軍隊乘著戰艦入侵敘拉古港口，由於敘拉古城的青壯年和士兵都去前線了，城裡只剩下了老人、婦女和孩子，處於萬分危急的時刻。

就在城市淪陷之際，老阿基米德再次站了出來。他讓婦女和孩子拿著鏡子一齊來到海岸邊，讓鏡子對準強烈的陽光，集中照射到敵艦的主帆上，千百面鏡子的反光聚集在船帆的一點上，不一會兒船帆便燃燒起來，火勢趁著風力，越燒越旺。羅馬人不知原因，慌了陣腳，以爲阿基米德又發明了新式武器，掉頭逃跑了。

阿基米德憑藉自己的智慧再次化險爲夷。

死因

西元前212年，羅馬軍隊進入了敘拉古。關於阿基米德的死，有幾個版本。

版本一：羅馬士兵闖入阿基米德的住宅，見他正在低頭思考，於是吼醒阿基米德。反應過來的阿基米德對士兵說：「你們等一等再殺我，我不能給世人留下不完整的公式！」不過，還沒等他說完，士兵就殺了他。

版本二：羅馬士兵闖入了阿基米德的住宅，踩壞了阿基米德正在地上畫的幾何公式，阿基米德大喊：「走開，別動我的圖！」動怒的士兵一刀砍死了阿基米德。

版本三：羅馬士兵抓住阿基米德後，命令他到將領馬塞拉斯那裡去，但遭到阿基米德的嚴詞拒絕，於是死在了士兵的刀劍之下。

版本四：戰敗後，阿基米德對現實採取了學者的超然漠視的態度，專心致力於數學問題的研究。一天，阿基米德正在沙地上畫著一個幾何圖形。一個羅馬士兵命令他滾開，阿基米德則傲慢地說：「別把我的圓弄壞了！」

不料這句話惹怒了羅馬士兵，一刀殺死了他。

悼念

羅馬將領馬塞拉斯對於阿基米德的死深感悲痛，他將殺死阿基米德的士兵予以處決，並爲阿基米德修了一座陵墓，在墓碑上根據阿基米德生前的遺願，刻上了「圓柱容球」這一幾何圖形。

隨著時間的流逝，阿基米德的陵墓被荒草湮沒了，直到哲學家西塞羅遊歷敘拉古時，在荒草中發現了一塊刻有圓柱容球圖形的墓碑，依此辨認出這就是阿基米德的墳墓，並將它重新修復。

Eureka！尤里卡！

相傳敘拉古赫農王讓工匠替他做了一頂純金的王冠，但國王懷疑工匠偷工減料，私吞黃金，於是請來阿基米德檢驗。

最初，阿基米德也想不出好辦法，直到一天他在家中洗澡，當他坐進澡盆時，看到水往外溢，同時感到身體被輕輕托起。此時，他突然醒悟，可以用測定固體在水中排水量的辦法，來確定金冠的比重。

據說，阿基米德興奮地跳出澡盆，光著身子跑了出去，大聲喊著「尤里卡！尤里卡！」（Eureka，意思是「我知道了」。）

實驗證明，國王的懷疑並沒有錯，王冠確實被摻進了其他金屬。阿基米德也從這次實驗中發現了浮力定律（阿基米德原理）：物體在液體中所獲得的浮力，等於他所排出液體的重量。一直到現代，人們還在利用這個原理計算物體比重和測定船舶載重量等。

給我一個支點，就能撬動地球！

敘拉古國為埃及王製造了一條大船，但因體積、重量巨大，無法拖入水中，只能擱淺在海岸。為此，阿基米德設計了一套複雜的槓桿滑輪系統，讓大船輕易地下到了海裡。

國王萬分欽佩，阿基米德微笑著說：「給我一個支點，我就能撬動地球。」

比別人看得遠，是因為站在了巨人的肩上
艾薩克・牛頓

他是誰

艾薩克・牛頓爵士（1643年1月4日～1727年3月31日）是人類歷史上出現過的最偉大、最有影響力的科學家，同時也是物理學家、數學家和哲學家。他在1687年7月5日發表的不朽著作《自然哲學的數學原理》裡用數學方法闡明了宇宙中最基本的法則——萬有引力定律和三大運動定律。這四條定律構成了一個統一的體系，被認爲是「人類智慧史上最偉大的一個成就」，由此奠定了之後三個世紀中物理界的科學觀點，並成爲現代工程學的基礎。

2005年，英國皇家學會進行了一場「誰是科學史上最有影響力的人」的民意調查，在被調查的皇家學會院士和線民投票中，牛頓被認爲比阿爾伯特・愛因斯坦更具影響力。

不善教學

牛頓不善教學，他在講授新近發現的微積分時，學生根本聽不懂，接受不了。但是，他在解決疑難問題方面的能力，卻遠遠超過了常人。學生時代，牛頓就發現了一種計算無限量的方法。他用這個方法，算出了雙曲面積並精確到250位數。他曾經高價買下了一個棱鏡，並把它作爲科學研究的工具，用它做

了將白光分解爲有顏色的光的試驗。

不修邊幅

作爲大學教授，牛頓並不在意個人形象，常常忙得不修邊幅，往往領帶不結，襪帶不繫，馬褲不扣。

終身未婚

牛頓曾經有過心愛的姑娘，但他在向這位姑娘求婚時，腦海中全都是想著科學問題，結果求婚沒能成功。

此外，牛頓小時候還有一位青梅竹馬的戀人，但是當牛頓到劍橋去深造之後，心愛的人嫁給了他人。後來，那位姑娘離婚了，當她再去找牛頓時，牛頓已經深感自己的一切都屬於科學，不能再給她幸福，於是忍痛拒絕了她，牛頓也因此終生未娶。

內心狂躁

天才也瘋狂，牛頓從小飽受狂躁症的困擾，在與萊布尼茲就微積分發明權的爭論事件以及與胡克的爭吵中都有過失態表現，讓人們看到了天才狂躁的一面。

測算風力

牛頓小時候，一天狂風大作，暴雨傾盆，正當街上的行人都慌忙往家裡跑的時候，小牛頓卻披了件斗篷走出家門。他在莊園裡撿起幾個被風刮掉的蘋果，然後把其中的一個蘋果擺在地上，並站在蘋果邊縱身用力一跳，在落腳的地方擺上另一個蘋果。

接著，小牛頓又逆方向跳回來，再往落腳處放一個蘋果。就這樣，他往返跳了多次，每跳一次就測量一下距離。

之後，渾身濕透了的牛頓回到家，家裡人問他去做什麼，他說：「我到莊園測量風力去啦！」

煮懷錶

一次，給牛頓做飯的保姆有事出門，就把雞蛋放在桌子上說：「先生！我出去買東西，請您自己煮個雞蛋吃吧，水已經在燒了！」

正在思考的牛頓頭也不抬地嗯了一聲，等到保姆回來以後問牛頓煮了雞蛋沒有，牛頓頭也沒抬地說：「煮了！」

保姆掀開鍋蓋一看，嚇了一大跳：鍋裡居然煮了一塊懷錶，雞蛋卻還在原地放著。

吃過飯了

牛頓幾乎整天都在實驗室裡，因此保姆只好把飯菜放在實驗室外的桌子上。有一次，牛頓的一位朋友來看他，在實驗室外面等了他好久，感到肚子餓了，就獨自把桌上的烤雞吃了，然後不辭而別。

過了好久，牛頓的實驗告一段落，才感到肚子餓，於是跑出來吃飯，當他看到盤子裡啃剩下的雞骨頭時，居然對助手說：「哈哈，我還以爲我還沒吃飯呢，原來已經吃過了呀！」

牛頓取酒

一次，與好友吃飯，中途牛頓想起家中還有一瓶好酒，於是趕忙回去取。結果，牛頓在取酒的路上忽然想出了一個新的實驗方法，居然將取酒和朋友忘了，跑到實驗室裡工作起來。

蘋果的傳說

1665－1666年間，由於劍橋流行黑熱病，學校被迫停學，剛從劍橋拿到學士學位的牛頓也返回了家鄉。一天，牛頓正坐在一棵蘋果樹下看書，一個蘋果落了下來，正巧砸在牛頓的頭上。於是，就有了後來的萬有引力定律。

然而，後經專家發現，當時的蘋果並沒有砸到牛頓，牛頓的日記中也是這樣寫的。這個蘋果落地的故事很可能是瞎編的。

最富有的學者，最博學的富翁

亨利·卡文迪許

他是誰

亨利·卡文迪許（1731年10月10日～1810年3月10日），英國化學家、物理學家。卡文迪許生於法國尼斯的一個貴族家庭，因此被稱爲最富有的學者，最博學的富翁。1760年卡文迪許被選爲倫敦皇家學會成員，1803年又被選爲法國研究院的18名外籍會員之一。1810年3月10日，卡文迪許在倫敦逝世，終身未婚。

性格孤僻

卡文迪許的父親是英國公爵的後裔，由於母親喜歡法國的氣候，所以才舉家搬到法國居住。當卡文迪許兩歲的時候，他的母親就去世了。由於早年喪母，他的性格變得十分孤僻。

「怪人」

卡文迪許很有修養，但是卻沒有英國紳士的派頭。他不修邊幅，幾乎沒有一件衣服是不掉扣子的；他不善交際，沉默寡言，終生未婚，過著奇特的隱居生活，在外人看來，他就是一個怪人。

不善交際

不善交際的卡文迪許有一次出席宴會，一位奧地利來的科學家出於禮貌，當面奉承了卡文迪許幾句，不料，他卻大爲忸怩，繼而手足無措，終於，渾身感覺不自在的卡文迪許坐不住了，起身離場。

不要靠近那個待在角落裡的人

卡文迪許雖然不善交際，但有時也會參加一些社交活動。當時著名的博物學家約瑟夫·班克斯每週都會在家舉行一次科學界名流的聚會，卡文迪許都會參加。班克斯特別告誡其他人，不要靠近那個待在角落裡的人。當他就某個問題發表自己的見解時，就假裝不在意地晃悠到他身邊，還要裝著沒有聽見他說話。

如果與會人士討論的問題與科學無關，人們就會聽到一聲驚呼，然後看到卡文迪許正奔向另一個更安靜一些的角落。

害怕女人

卡文迪許一生最怕兩件事，一是奉承，二是女人。他這輩子最怕和女人接觸，所以終生未婚，而且每天和女管家之間都用紙條來聯繫。

不善言辭

卡文迪許是一個沉默寡言的人，甚至有客人慕名來訪，他也常常一言不發陪坐在旁，眼睛盯著天花板，聽著客人的談話，腦中卻在思考問題，很多客人都會感到十分尷尬，敗興而歸。

最富有的學者，最博學的富翁

卡文迪許40歲時，先後繼承了父親和姑媽的兩大筆遺產，於是他成爲了一名百萬富翁。正如法國科學家比奧所說的：「卡文迪許是一切學者中最富有的，是一切富翁中最有學問的。」

出手闊綽

因爲擁有巨額財富，卡文迪許出手闊綽，毫不吝嗇，並不像商人那般斤斤計較。有一次，他的一個僕人得病了，生活困難，向他借錢，他毫不猶豫地開了一張一萬英鎊的支票，還問夠不夠用，這位僕人驚訝得不知所措。

生活節儉

雖然擁有了巨額財富，但這並沒有改變卡文迪許的生活方式。他仍然過著儉樸的生活，不講究吃穿，每天都穿一件褪了色的上衣。他的錢大部分都花在了購置科學儀器和圖書上。

為愛書登記

卡文迪許酷愛圖書，他把自己的大量藏書分門別類地編上號碼，管理得井井有條，無論是借閱，還是自己閱讀，都毫無例外地履行登記手續。

孤單離世

1810年2月24日，這位79歲的老人預感到死期已至，就吩咐身邊一位護理的僕人離開房間，而且不到規定時間不得擅自回來。當僕人回來時，老人已經孤獨地離開了人間。

諾貝爾獎創始人
阿爾弗雷德‧伯納德‧諾貝爾

他是誰

阿爾弗雷德‧伯納德‧諾貝爾（1833年10月21日～1896年12月10日），瑞典化學家、工程師、發明家、軍工裝備製造商和炸藥的發明者。他是諾貝爾獎創始人，各種諾貝爾獎項均以他的名字命名。人造元素鍩（Nobelium）就是以諾貝爾的名字命名的。

熱愛文學

諾貝爾十分喜愛文學創作，他寫過詩，寫過小說，他還有一個鮮爲人知的身份──劇作家，不過可惜的是，直到他生命垂危之際，他唯一的一部劇作才得以付印。然而他的作品卻被認爲是「誹謗滋事、褻瀆神明」，諾貝爾過世後，這些作品幾乎全都被銷毀了，只有三份得以倖存。

一直到2003年，首部倖存作品才在瑞典出版。除了瑞典語外，這部戲劇還沒有被翻譯成其他語言，甚至英語。

遺囑

諾貝爾在他生命的最後幾年，曾先後立下過3份內容非常相似的遺囑。第一份立於1889年，第二份立於1893年，第三份則立於1895年，最後一份存放在斯德哥爾摩一家銀行，也就是要以此爲准的最後遺囑。

這份遺囑取消了分贈親友的部分，將自己的全部財產用於設立獎勵基金。諾貝爾將其920萬美元的財產作爲基金，以其年息（每年20萬美元）設立物理、化學、生理或醫學、文學以及和平事業5種獎金（1969年瑞典國家銀行增設經濟學獎金），獎勵當年在上述領域內做出最大貢獻的學者。從1901年開始，每年獎金在諾貝爾逝世時間12月10日下午四點半頒發。

遺囑之爭

在諾貝爾遺囑公佈之初，瑞典社會批評和譴責之聲不絕於耳，人們似乎無法接受諾貝爾的選擇。報界甚至公開鼓勵其親屬上訴，理由是「法律缺陷」和「不愛國」。

他們認爲，諾貝爾此舉並沒有給瑞典帶來任何利益。一部分社會民主黨人士指責說，諾貝爾設立獎金支持個別傑出人物，無助於社會進步。他們認爲，諾貝爾的財產來自勞動和大自然，應該使社會的每一個成員都得到益處。

遺囑漏洞

高明的律師們找出了遺囑中的兩處漏洞：其一，遺囑中沒有明確講出立囑人是哪國公民。諾貝爾生在瑞典，成長在俄國，創業活動遍及歐洲，晚年也沒有成爲任何一個歐洲國家有國籍的公民。其二，遺囑沒有明確指出全部財產由誰來負責保管。雖然遺囑中說要成立一個基金會，但又沒有指定由誰來組織這個基金會。所以，可以認爲，遺囑執行人無權繼承遺產，而繼承遺產的基金會又不存在。

遺囑之爭落幕結論

經過遺囑執行人索爾曼等人的不懈努力，1898年5月21日，瑞典國王宣佈諾貝爾遺囑生效。1901年6月29日，瑞典國會通過了諾貝爾基金會章程。1901年12月10日，即諾貝爾逝世5周年的紀念日，頒發了首次諾貝爾獎。

樸素的墓碑

1896年12月10日諾貝爾在義大利的聖雷莫去世，終年63歲。諾貝爾的墓碑看上去很普通，石碑正面刻有「nobel」幾個金字和他的生卒年月，墓碑兩側刻有諾貝爾4位親人的名字和生卒。墓碑右側的地上，插著編號牌：170/1678。墓碑的周圍是10棵一人多高的柏樹。

碑上沒有諾貝爾的肖像（據說諾貝爾生前只有一張畫像），沒有浮華的雕飾，沒有記載其輝煌的成就！每一個知道諾貝爾的人，站在他的墓前，都會感到這種樸素帶給人的心靈震撼。

最富有的流浪漢

人們稱諾貝爾是歐洲「最富有的流浪漢」，因爲他一生沒有妻室兒女，也沒有固定住所。他曾說過：「我在哪裡工作，哪裡就是我的家。」

悲慘的愛情

諾貝爾的愛情是一場悲劇，三個女人走進他的世界，都沒有結果。青年時代，諾貝爾曾在巴黎邂逅一位法國女孩，短暫的熱戀之後，那位女孩不幸猝然病逝。

諾貝爾43歲時，奧地利大元帥弗蘭茲・金斯基伯爵之女伯莎做他的祕書，諾貝爾對她一見傾心，無奈伯莎已心有所屬。不過，雖然無緣結爲連理，兩人卻結成了永恆的友誼。

同年，諾貝爾在維也納的一家花店結識了賣花女索菲。此後，諾貝爾與索菲維持了將近15年的戀愛關係。諾貝爾一度希望索菲成爲他的終身伴侶，爲她購置豪宅，但由於索菲沒有受過教育，缺乏教養，又不聽諾貝爾的勸導，只知揮霍放蕩，致使諾貝爾無比失望，這段感情無疾而終。

索菲的要脅

1891年春天，索菲來信告訴諾貝爾，她懷了一位匈牙利軍官的孩子，諾貝爾徹底失望了，決定與她斷絕往來，並透過一位律師爲她提供30萬匈牙利克朗的養老費，這在當時是很大的一筆錢。

諾貝爾逝世後，索菲還去找到遺囑執行人索爾曼，威脅說，如果不給她比遺囑規定還多的東西，她就要將諾貝爾給她的216封信的原件的版權賣掉。這時，索爾曼正陷於四面楚歌之中，爲了避免可能出現的醜聞，他有條件地買下了這些信件。

那些信件在諾貝爾死後一直沒有被公開，直到1955年才隨諾貝爾的自傳公之於世。

為什麼沒有數學獎？

根據國外學者的臆測，諾貝爾之所以沒有設立數學獎，很可能與他的愛情受挫有關。諾貝爾的女友索菲曾經與一位數學家私下交往甚密，後來與數學家私奔，這件事一直讓諾貝爾耿耿於懷。所以，相關學者猜測，正是這件事讓諾貝爾在敘述「諾貝爾基金會獎勵章程」時把數學排除在外。

有史以來最偉大的發明家

湯瑪斯．阿爾瓦．愛迪生

他是誰

湯瑪斯．阿爾瓦．愛迪生（1847～1931年），美國發明家、企業家，擁有眾多發明專利，被傳媒授予「門洛派克的奇才」稱號。愛迪生擁有2000餘項發明，其中包括影響世界的留聲機、攝影機和鎢絲燈泡等。1892年創立通用電氣公司。他是有史以來最偉大的發明家，迄今爲止，世界上沒有一個人能打破他創造的發明專利數的世界紀錄。

自學成才

愛迪生八歲上小學，可是他只上三個月的課就被退學了，因爲在上課的時候他總是提出一些奇怪的問題，被老師認爲他是一個低能兒童，於是媽媽決定自己來教育孩子，並決心把愛迪生教成一位偉大的天才，從此，愛迪生開始了自學成才之路。

工作狂

愛迪生爲了做實驗，往往連續幾天不出實驗室，甚至不睡覺。有時候實在累得不行了，就用書當枕頭在實驗桌上打個盹。有一天，他的朋友開玩笑說：「怪不得你懂得那麼多的發明，原來連睡覺都在吸收書裡的營養。」

辭世

1929年10月21日，在電燈發明50周年的時候，人們爲愛迪生舉行了盛大的慶祝儀式，愛因斯坦和居里夫人等一大批著名科學家都前來祝賀。不幸的是，就在這次慶祝大會上，當愛迪生致答辭的時候，由於過分激動，突然昏厥過去。從此，他的身體每況愈下。

1931年10月18日凌晨3：24，愛迪生在新澤西的西奧蘭治鎮家裡安詳地睡著了，再也沒有醒來。這位爲人類做過偉大貢獻的科學家因病逝世，終年84歲。

熄燈紀念

爲了紀念愛迪生，美國政府曾下令全國停電一分鐘。1931年10月21日6點59分，好萊塢和丹佛熄燈；7點59分，美國東部地區停電一分鐘；8點59分，芝加哥的有軌電車及高架地鐵停止運行；從密西西比河流域到墨西哥灣陷入了一片黑暗；紐約自由女神手中的火炬於9點59分熄滅。

在這一分鐘裡，美國彷彿又回到了煤油燈和煤氣燈時代。一分鐘過後，從東海岸到西海岸重又燈火通明。

忘了自己的名字

愛迪生有一次去稅務局納稅，在排隊等待的時候，他一直在思考，甚至聽到有人在叫到他的名字時也沒反應過來。旁邊有人問他：「你是不是叫湯瑪斯．愛迪生？」但他卻說：「我在哪裡聽到過這個名字。哦！對了，這不是我的名字嗎？」

對於這件事，愛迪生後來回憶說：「那時雖然只不過三秒鐘，可是即使有人說要我的命，我也無法想起自己的名字來。」

那邊竟然如此美麗

在許多正式檔案之中都有著明確的記載：當愛迪生彌留之際，醫生和親友都圍坐在他的床前，眼看他的呼吸已越來越微弱，心臟終於停止了跳動。可就在醫生準備宣佈愛迪生死亡之際，他卻突然又坐了起來，說了一句很奇怪的話：「真是想不到——那邊竟是如此的美麗……」講完之後，再也沒有醒過來。這件事一直是個謎，雖然在很多正式的檔案中都有記錄，但一直沒有人能解開這個謎。

參觀費

愛迪生在市郊有幢別墅，其中擺放著很多新發明，他爲此感到非常自豪，歡迎人們到那裡參觀。然而，來訪者並不是免費參觀，他們必須先把門口一根笨重的木桿推上去。

有一天，一位參觀者好奇地問愛迪生：「你的家裡擺的都是些省力的東西，爲什麼門口要設置這麼一根笨重的桿子呢？」愛迪生回答說：「這就是我向你們索要的參觀費啊，你們不停地推動木桿，發電機就不停地爲我發電。」

遺傳學之父

湯瑪斯·亨特·摩爾根

他是誰

湯瑪斯·亨特·摩爾根（1866～1945年），美國的生物學家與遺傳學家，被譽爲「遺傳學之父」。摩爾根發現了染色體的遺傳機制，創立了染色體遺傳理論，是現代實驗生物學奠基人。

「異類」

摩爾根家族出過外交官、律師、軍人、議員和政府官員，卻從來沒有出過一個科學家，而湯瑪斯·亨特·摩爾根則是一個「異類」。用他自己創造的遺傳學術名詞來形容自己，他說自己是摩爾根家族中的「突變基因」。

突發奇想

一次，摩爾根突發靈感：海水的酸度能增進某些深海生物的生殖力。當時他找不到酸，即刻趕往附近的雜貨店買了個檸檬，把檸檬汁擠進自己養的魚缸內，由此實驗獲得了結論——化學環境的微變足以影響生物的生殖機能。

偷奶瓶

1908年，摩爾根開始用果蠅作爲實驗材料研究生物遺傳性狀中的突變現象。然而，由於果蠅的繁殖速度太快，摩爾根找不到更多的容器存儲。於是，實驗室附近的居民發現了一個怪現象，他們放在家門口的牛奶瓶經常遺失。

原來，爲了裝下大量的果蠅，摩爾根和他的研究生們偷偷地將這些空奶瓶「借」走了。

拒絕出席

1933年的一天下午，摩爾根正坐在家中院子裡津津有味地讀著小說，十分愜意。

這時，家裡收到了一份電報，內容是正值諾貝爾誕辰一百周年之際，「湯瑪斯．亨特．摩爾根由於對遺傳的染色體理論的貢獻而被授予諾貝爾獎」。

不過，摩爾根並沒有前往瑞典出席頒獎儀式，理由是自己工作太忙。實際上，摩爾根除了科學討論會，不會參加任何公開集會，因爲他本人不喜歡一本正經地在公眾集會中露面。

平分獎金

在得到諾貝爾獎金之後，摩爾根執意將獎金一分爲三，自己留下一份，兩個實驗室的學生每人一份。在摩爾根看來，榮譽和獎金應該屬於大家。

最好的紀念

1941年，摩爾根在75歲高齡時宣佈退休，離開了實驗室。四年之後，他因病離開了人世。

人們爲了紀念他，將果蠅染色體圖中基因之間的單位距離叫做「摩爾根」。他的名字作爲基因研究的一個單位而長存於世。

近代原子核子物理學之父
歐尼斯特·盧瑟福

他是誰

歐尼斯特·盧瑟福（1871～1937年）被公認爲是20世紀最偉大的實驗物理學家，在放射性和原子結構等方面，都做出了重大貢獻。因其在原子核子物理的開創工作，盧瑟福被稱爲近代原子核子物理學之父。

綽號「鱷魚」

盧瑟福對於科學研究始終抱有一種勇往直前、百折不撓的精神，因此，學生爲他取了一個外號——鱷魚，並把鱷魚徽章裝飾在他的實驗室門口。因爲鱷魚從不回頭，它張開吞食一切的大口，不斷前進。

吃驚

1908年，物理學家盧瑟福竟然獲得該年度的諾貝爾化學獎，這讓他大感吃驚，他風趣地說：「我竟搖身一變，成爲一位化學家了。」「這是我一生中絕妙的一次玩笑！」

最後一個馬鈴薯

1895年，當時還在農場挖馬鈴薯的盧瑟福收到了英國劍橋大學發來的通知書，通知他已被錄取爲倫敦國際博覽會的獎學金學生。盧瑟福馬上扔掉挖馬鈴薯的鋤頭喊道：「這是我挖的最後一個馬鈴薯啦！」

現代物理學之父
艾爾伯特·愛因斯坦

他是誰

愛因斯坦（1879年3月14日～1955年4月18日），20世紀猶太裔理論物理學家、思想家及哲學家，也是相對論的創立者。阿爾伯特·愛因斯坦被譽爲「現代物理學之父」及20世紀世界最重要科學家之一。1921年獲諾貝爾物理學獎，1999年被美國《時代週刊》評選爲「世紀偉人」。

害怕「打仗的妖怪」

小時候，一天愛因斯坦看到德皇軍隊通過慕尼克的市街，正當人們蜂擁喝彩的時候，愛因斯坦卻恐懼地躲了起來，他既瞧不起又害怕這些「打仗的妖怪」，並要求他的母親把他帶到自己永遠也不會變成這種妖怪的國度去。

關於國籍

爲了逃避服軍役，17歲的愛因斯坦決定放棄德國國籍；1901年加入瑞士國籍；後因受納粹政權迫害，遷居美國，任普林斯頓高級研究所教授。從事理論物理研究，1940年加入美國國籍。

勇敢

德國的科學界和文化界在納粹分子的操縱和煽動下，發表了「文明世界的宣言」，爲德國發動的侵略戰爭辯護。當時，在「宣言」上簽名的有93人，都是德國最有聲望的科學家、藝術家和牧師等。然而，令全世界感到震驚的是，愛因斯坦斷然拒絕了這一要求，而是毅然在反戰的《告歐洲人書》上簽上了自己的名字。

拒絕出任以色列總統

1952年11月9日，愛因斯坦的老朋友以色列首任總統魏茨曼逝世。在此前一天，就有以色列駐美國大使向愛因斯坦轉達了以色列總理本·古里安的信，正式提請愛因斯坦爲以色列共和國總統候選人。

當日晚，一位記者給愛因斯坦的住所打來電話，詢問此事。「聽說您已被邀請出任以色列共和國總統。教授先生，您會接受嗎？」「不會，我當不了總統。」「總統沒有多少具體事務，他的位置是象徵性的。教授先生，您是最偉大的猶太人。不，不，您是全世界最偉大的人。由您來擔任以色列總統，象徵猶太民族的偉大，再好不過了。」「不，我做不了。」

私生活

德國作家朱根·尼菲在傳記《愛因斯坦》中揭露：愛因斯

坦曾經有過兩名私生女，第一名私生女是愛因斯坦與第一任妻子的非婚生女，她後來的命運一直是個謎；第二名私生女是愛因斯坦在美國與一名紐約舞女所生，由於愛因斯坦不管不問，最後他的大兒子漢斯實在看不過去，開始自己撫養這名父親的私生女，不過漢斯從來沒有告訴她真實父母的身份。

遺囑

1955年4月18日，人類歷史上最偉大的科學家之一，阿爾伯特·愛因斯坦因主動脈瘤破裂逝世於美國普林斯頓，享年76歲。他在遺囑中寫道，不發訃告，不舉行葬禮。他把自己的腦供給醫學研究，身體火葬焚化，骨灰祕密地撒在不為人知的河裡，不要墳墓也不想立碑。

反對崇拜

愛因斯坦在去世之前把他在普林斯頓默謝雨街112號的房子留給了跟他一起工作幾十年的祕書杜卡斯小姐，並且強調「不許把這房子變成博物館」。因為他不希望這裡變成一個朝聖地。愛因斯坦反對個人崇拜，也不希望以後的人把他當做神來崇拜。

面對死亡

1955年4月，愛因斯坦的生命到了盡頭。兩個月前，他曾說過：「我已經達到了這樣的境界：把死亡看做是一筆最終總是要償還的舊債。」後來他說：「當我必須走時，就應該走。人爲地延長生命是毫無意義的，我已盡了我的責任，是該走的時候了，我會走得很體面的。」4月18日淩晨，愛因斯坦停止了呼吸。

不會數數

愛因斯坦會拉小提琴，有一次，他在排練海頓的絃樂四重奏時連續四次出錯。此時，大提琴手抬頭看他一眼，說道：「你的問題呀，艾爾伯特，就是不會數數。」

啟發

一次，愛因斯坦想要把牆上的一幅畫摘下來，就搬來一架梯子，沒想到爬到一半的時候，突然想起一個問題，就沉思起來，結果不小心摔了下來。摔到地上以後，他想：人爲什麼會筆直地掉下來呢？看來物體總是沿著阻力最小的線路運動的。

想到這裡，愛因斯坦趕緊走到桌邊，提筆把自己的這個想法記了下來，這對他正在研究的問題——相對論有很大的啓發。

家在哪裡

一天，美國普林斯頓大學研究院院長的辦公室接到一個電話，這個電話很特別，說話的人聲音壓得很低：「請問院長在嗎？」

「很抱歉，院長出去了。」祕書答道。

對方略帶猶豫地接著問：「那麼，您能不能告訴我，愛因斯坦博士住在哪兒？」

在當時，研究院有嚴格的規定，任何人都不准干擾愛因斯坦博士的研究工作，就連羅斯福總統邀請愛因斯坦到白宮做客，都要事先徵得院長同意，因此，祕書婉言拒絕。

於是，電話裡傳來了不好意思的聲音：「對不起，我就是愛因斯坦博士，我要回家，可一時忘了家在哪裡了，所以冒昧打擾。拜託你不要對別人講，好嗎……」

無奈

很多人只是從字面意義上理解愛因斯坦的相對論，這也讓他感到很無奈。一次，愛因斯坦在溜冰的時候，不小心摔了一跤。身邊的一位年輕人認出了他，急忙把他扶起。年輕人得意地說：「愛因斯坦先生，根據相對論，其實您並沒有摔倒，只是地球相對您傾斜了一下。」愛因斯坦苦笑著說：「無論是摔倒還是地球傾斜，兩種說法我都同意，但對我來說，卻只有一種感覺。」

宇宙之王

史蒂芬・威廉・霍金

他是誰

史蒂芬・威廉・霍金（1942年1月8日～），英國著名物理學家，被譽爲繼愛因斯坦之後最傑出的理論物理學家，被稱爲「宇宙之王」。

霍金21歲時不幸患上了會使肌肉萎縮的盧伽雷氏症，全身癱瘓，只有三根手指可以活動。1985年，因患肺炎做了氣管切開手術，被徹底剝奪了說話的能力，演講和問答只能透過語音合成器來完成。

霍金的研究領域主要是宇宙論和黑洞，著有《時間簡史》、《果殼中的宇宙》等科普著作，均被翻譯爲多種語言出版，是全球最暢銷的科普著作之一。

旋轉的霍金

雖然霍金身體的殘疾越來越嚴重，但他卻力圖像普通人一樣生活，完成自己所能做的任何事情。他甚至是活潑好動的——這聽起來有些好笑，在他已經完全無法移動之後，他仍然堅持用唯一可以活動的手指驅動著輪椅在前往辦公室的路上「橫衝直撞」；當他與查爾斯王子會晤時，他旋轉自己的輪椅來炫耀，結果軋到查爾斯王子的腳趾，被查爾斯王子臭罵一頓。

樂觀

霍金雖然身體殘疾，又無法發聲，但他卻非常樂觀。每天他都會驅動輪椅從他的家——劍橋西路5號，經過美麗的劍河、古老的國王學院，來到劍橋大學的辦公室。學校爲了照顧霍金，還特意爲他修了一段斜坡，以方便輪椅行走。

奇蹟求生

1963年，霍金被診斷患有肌肉萎縮性側索硬化症，即運動神經病，當時醫生診斷他最多只能活兩年，但他卻奇蹟般地活到了現在。雖然喪失了活動能力，但堅強的意志與樂觀的精神使他成爲科學領域的傑出人物。

轉機

霍金也曾一度消極低沉，然而他澄清自己當時並無酗酒，只是感到自己有「悲劇性格」，並使自己沉醉於瓦格納的音樂裡。直至他遇上了首任妻子珍·王爾德，真正的轉機出現了。兩人結婚，並育有3名子女。23歲時，他獲劍橋大學哲學博士學位，留在劍橋大學進行研究工作。

兩次婚姻

霍金結過兩次婚，他與第一任妻子珍·王爾德的婚姻維繫到1990年；1995年，霍金迎娶第二任妻子，他的私人看護伊萊恩，這段婚姻維繫到2006年10月19日，兩人共同生活了11年。

預言

霍金在一次節目中預言：「人類可能會絕種，我幾乎肯定核戰和全球暖化之類的大災難，將於一千年內降臨地球。」

但霍金指出人類滅絕並非無可避免，因爲科技進步將帶領人類走出太陽系，到達宇宙的遠方：「我確信人類終將殖民太空，在火星及太陽系的其他星球上建立自給自足的殖民地，不過大概要一百年以後。」

Micro-History Stories Of World's Famous People

文學家逸事

MICRO-HISTORY:
STORIES OF WORLD'S
FAMOUS PEOPLE

千古筆墨外
文人多逸事

CHAPTER 4

POLITICIAN

PHILOSOPHER

SCIENTIST

LITTERATEUR

西方寓言鼻祖之一
伊索

他是誰

伊索（西元前620年～西元前560年）是西元前6世紀古希臘著名的寓言家，他與克雷洛夫、拉·封丹和萊辛並稱世界四大寓言家。

伊索寓言

西元前5世紀末，「伊索」這個名字已爲希臘人所熟知。現存的《伊索寓言》，是古希臘、古羅馬時代流傳下來的故事，經後人整理，統歸在伊索名下。

喜歡故事

傳說伊索相貌醜陋，所以大家都不喜歡他，只有媽媽願意講故事給他聽。因此，伊索從小就和故事結緣。長大之後，伊索在田裡工作時，將看到的新鮮有趣的事情編成了精彩的故事。他的故事都是口授的，可見他的記憶力非同一般。

伊索身世

伊索是弗里吉亞人，生活在小亞細亞，據希羅多德記載，他原是薩莫斯島雅德蒙家的奴隸。他在古希臘的薩摩斯哲學家克桑特斯的手下打工，後來以博學多聞獲得雅德蒙家的釋放，成爲自由人，可以參與公共事務，曾經遊歷希臘各城邦，有一段時間曾經住在科林斯灣。

伊索其人

13世紀發現的一部《伊索傳》的抄本中，伊索被描繪得醜陋不堪。而傳說中的伊索，面貌不俗，「黝黑，高大，結實，短臂，厚唇，高大的典型軍人」。

伊索之死

由於受到萊地亞城邦國王哥爾昔斯的器重和信任，伊索奉命前往撒狄處理外交事務。一日，哥爾昔斯請他帶了一批黃金分給當地人，但他對當地人的貪婪感到不滿，與居民發生了爭吵，又將黃金運回給哥爾昔斯，這引起了德爾菲人的極大憤怒，最後在德爾菲被當地人推下懸崖喪命。

伊索死後，德爾菲不斷遭受各種天災人禍的侵擾，瘟疫蔓延，死傷無數，史稱伊索的血海深仇。後來德爾菲人請求乩示，願意出錢賠償伊索的性命，這筆錢被老雅德蒙的同名孫子領去。

只有一個人

伊索還是奴隸時，一天他的主人吩咐說：「到公共浴室裡去看看，今天洗澡的人多不多。」

伊索走到浴室門口，看見進進出出的人很多，他剛要轉身回去稟告，忽然發現走出浴室的人都會被門口的一塊大石頭絆倒，不過人們只是咒罵幾句便離開。

此時，又一個人被石頭絆倒，大罵幾句之後，他動手將石頭移開，然後才走進浴室。

看到這裡，伊索才回去稟告：「主人，今天浴室裡只有一個人。」

主人聽後大喜，心想這次可以洗個舒服澡了，趕緊吩咐伊索收拾衣物。

到了浴室，主人發現裡面擠滿了人，便責備伊索說：「裡面這麼多人，你爲什麼告訴我只有一個人？」

伊索就將他在浴室門口見到的情形告訴主人，並說：「別人被石頭絆倒後，只曉得罵人，從不想將石頭搬開，只有一個人在被絆倒之後，想到將石頭搬開，以免再絆倒別人。因此我認爲只有他才是一個人，我一點也不曾說謊。」

如此測算時間

一次，伊索在大街上碰見一個行人向他問路。

行人：「到城裡去得花多長時間？」

伊索：「你走啊！」

行人：「我當然得走，我是說到城裡需要多長時間？」

伊索：「你走啊，你走啊！」

行人氣壞了，於是憤然離開了伊索。

行人沒走多遠，伊索向他喊道：「你需要兩小時！」

行人奇怪地問：「你剛才怎麼不告訴我呢？」

伊索：「不知你走得快或慢，怎知需要多長時間呢？」

中世紀最後一位詩人
阿利蓋利．但丁

他是誰

但丁（1265～1321年）是義大利中世紀詩人，義大利文藝復興的先驅，他與莎士比亞、歌德，並稱爲世界三大文學巨匠，他被恩格斯譽爲「中世紀的最後一位詩人，同時也是新時代的最初一位詩人」。但丁一生著述頗豐，最有代表性的作品是《神曲》，是歐洲古典四大名著之一。

身世

但丁出身於佛羅倫斯貴族世家，擔任過佛羅倫斯最高行政長官，後因政治因素被當局流放，終身再未回到佛羅倫斯。正是由於這種經歷，使他完成了舉世聞名的代表作品《神曲》，該書被譽爲中世紀文學的巔峰之作，並作爲文藝復興時期的先聲之作。

戀情

但丁有過一次刻骨銘心的戀情，對其日後的文學創作起到了重要作用。少年時代，但丁在一次聚會上邂逅了一位名叫貝阿特麗齊的少女。少女端莊優雅的氣質令少年但丁一見傾心，無法忘懷。然而，這段戀情由於貝阿特麗齊遵從父命嫁給他人而結束。

貝阿特麗齊婚後數年便夭亡，也給但丁造成了巨大的打擊，他將自己幾年來陸續寫給貝阿特麗齊的31首抒情詩取名《新生》並出版。詩中抒發了詩人對少女深摯的感情以及綿綿無盡的思念。

放逐

1301年，教皇派遣法國國王的兄弟瓦魯瓦的卡羅去佛羅倫斯「調節和平」，白黨懷疑此行另有目的，派出以但丁爲團長的代表團去說服教皇收回成命，但沒有成功。不出所料，卡羅到達佛羅倫斯後立即組織黑黨屠殺反對派，控制佛羅倫斯，並宣佈放逐但丁，永遠不許回城，否則格殺勿論。從此，但丁再也沒有回到家鄉。

返國希望落空

1308年，盧森堡的亨利七世當選爲神聖羅馬帝國皇帝，準備入侵佛羅倫斯，但丁給他寫信，指點需要進攻的地點。正因此，白黨對他恨之入骨。1313年亨利七世去世，但丁返國的希望落空。

拒絕羞辱

1315年，佛羅倫斯由軍人掌權，但丁獲准免罪回國，但前提是需要繳納罰金，並於頭上撒灰，頸下掛刀，遊街一周。

但丁回信說：「這不是我返國的路！要是損害我但丁的名譽，那麼我絕不再踏上佛羅倫斯的土地！難道我在別處就不能享受日月星辰的光明嗎？難道我不向佛羅倫斯市民卑躬屈膝，我就不能接觸寶貴的真理嗎？可以確定的是，我不愁有麵包吃！」

客死他鄉

但丁被放逐之後，輾轉於義大利幾座城市，也有記載他曾去過巴黎。他無法擺脫對家鄉的思念，只能以著作排遣心中的鬱悶，並將一生中的恩人、仇人都寫入他的名作《神曲》中，如對教皇揶揄嘲笑，對貝阿特麗齊的無盡思念。但丁於1321年客死他鄉，在義大利東北部臘萬納去世。

酷愛讀書

有一次，但丁的妻子讓他上街買藥，愛書如命的但丁在藥店門前看到了一個書攤，他拿起一本新書便讀了起來，如癡如醉的但丁一口氣讀了五六個鐘頭，把買藥的事情忘得一乾二淨了。空手而歸的但丁遭到妻子呵斥，他卻洋洋得意地說：「我今天讀了本好書呢！」

如此抗議

一次，但丁出席威尼斯執政官舉行的宴會。聽差給義大利各城邦使節的都是一條條肥大的煎魚，給但丁的卻是一條很小的魚。

但丁沒有表示抗議，而是拿起盤子裡的小魚，湊近自己的耳朵，好像在聽小魚說話。

執政官好奇地問他在做什麼。這時，但丁大聲說道：「幾年前，我的一位朋友逝世，舉行的是海葬，不知他的遺體是否已埋入海底，我就問這條小魚，看它們知不知道情況。」

執政官問：「小魚說些什麼？」

但丁說：「它們對我說，它們都還很幼小，不知道過去的事情，讓我向同桌的大魚們打聽一下。」

執政官聽後哈哈大笑，吩咐聽差馬上給但丁端一條最大的煎魚。

驚人的記憶力

一天傍晚，有個陌生人徑直走向但丁，躬下身說道：「久仰您的大名，知道您是翡冷翠（佛羅倫斯）的驕傲。在下承諾回答一個問題，但苦於自己學識淺薄，無法解答，特請先生相助。」

陌生人問：「世上最好吃的東西是什麼？」

「雞蛋。」但丁脫口而出。那人表示感謝，隨即離開。

幾年後的一天，還是那個陌生人，遇到但丁便問：「那麼，如何烹調呢？」

但丁先是一驚，隨即認出來人，不假思索地回答道：「放一點鹽。」

戲劇之父

莎士比亞

他是誰

莎士比亞（1564年4月23日～1616年5月3日），英國文藝復興時期偉大的劇作家、詩人，也是西方文藝史上最傑出的作家之一，全世界最卓越的文學家之一。

行蹤成謎的歲月

1585年到1592年期間，有關莎士比亞的記錄非常少，因此有學者將這段時期稱作「行蹤成謎的歲月」（Lost Years）。傳記作者爲此虛構了很多故事。

有人說莎士比亞因爲非法獵鹿而被起訴，爲了逃避起訴從家鄉到了倫敦；有人說他成爲倫敦的劇院合夥人，從而開始了戲劇生涯；還有人把莎士比亞描述爲一個鄉村校長。

遺囑

莎士比亞在遺囑中，將大部分地產留給了大女兒蘇珊娜，指定她將財產原封不動地傳給「她的第一個兒子」。

莎士比亞的遺囑中很少提到妻子安妮，她很可能自動繼承了莎士比亞三分之一的財產。遺囑中特意提及一點，將「我第二好的床」留給她，這個遺贈物導致了很多的猜想。

一些學者認為這個遺物是對安妮的一種侮辱，而另一些學者則認為「第二好的床」是婚床，因此紀念意義重大。

莎士比亞的墓碑

莎士比亞於1616年生病離開人世，他的墓碑上刻著自己撰寫的碑文：「朋友，看在耶穌的份上，請勿挖掘此處的墓葬。容得此碑者，受到祝福，移我骸骨者，遭到詛咒。」

莎士比亞的墓碑矗立在家鄉的一座小教堂旁，每年都有數以千萬計的人前來瞻仰。

打油詩

傳言莎士比亞曾在一個叫湯瑪斯・露西的財主兼地方行政長官的土地上偷獵，結果被露西的管家發現，他為此挨了揍。莎士比亞出於報復，就寫了一首譏諷大財主的打油詩，這首詩很快流傳開來。結果，大財主無論走到哪裡，總有人用這首打油詩來嘲笑他。這件事惹惱了湯瑪斯，因此想盡辦法想要懲罰莎士比亞。迫不得已，莎士比亞離開斯特拉福德小鎮，到倫敦避難。

肖像之謎

莎士比亞的面貌迄今仍然是一個謎，可信度最高的兩幅肖像分別是：莎士比亞死後那幾年豎立在阿文河畔斯特拉福德區教堂內的半身胸像；另一幅是作為1623年版對開本劇作集的扉頁版畫。

一個獨來獨往的人
莫里哀

他是誰

莫里哀（1622年1月15日～1673年2月17日）是一位法國喜劇作家、演員、戲劇活動家。法國芭蕾舞喜劇的創始人。本名為讓－巴蒂斯特·波克蘭，莫里哀是他的藝名。

莫里哀是法國17世紀古典主義文學最重要的作家，古典主義喜劇的創建者，在歐洲戲劇史上佔有十分重要的地位。歌德稱其為「一個獨來獨往的人」。

負債入獄

莫里哀從事戲劇事業之後，曾創立「光耀劇團」，但由於不善經營，導致負債累累，並因此鋃鐺入獄。

喜劇大師的悲劇收場

莫里哀是一位出色的喜劇大師，但是他的結局卻是一場悲劇。為了維持劇團開支，莫里哀不得不帶病參加演出。1673年，在演完《沒病找病》最後一幕以後，莫里哀咯血倒下，當晚逝世，享年51歲。

冷清的葬禮

由於教會的阻撓，莫里哀的葬禮十分冷清，只有兩個教士參加，沒有任何觀眾，而且葬禮被安排在日落黃昏之後，悄悄進行。

靜觀人

莫里哀在臺上是一位滑稽幽默的演員，但舞臺背後的他卻不大言語，而是喜歡靜靜地觀察與傾聽。他經常隨身攜帶一本筆記本，無論走到哪裡，他都會靜靜地偷聽別人的談話，然後記錄下來。因爲這個癖好，朋友們給他取了一個綽號——「靜觀人」。

女僕的評價

傳說莫里哀每寫成一個劇本，都會先念給自己的女僕聽，而女僕聽後總是說好。莫里哀最初認爲女僕教育水準低，不過是奉承主人而已。有一次，莫里哀故意把一個爛劇本念給她聽，誰知，女僕立刻瞪大眼睛說：「這不是先生寫的！」

莫里哀恍然大悟，原來女僕已經熟知了他作品的風格。

管理妻子遠比管理國家難

曾經有一個國王問莫里哀，爲什麼他14歲就開始管理國家，而到18歲還不結婚呢？莫里哀幽默地回答道：「尊敬的陛下，娶妻難，照應妻子更難。照應自己的妻子，要比治理一個國家困難得多。」

諷刺文學大師

喬納森·斯威夫特

他是誰

喬納森·斯威夫特（1667年11月30日～1745年10月19日）英國-愛爾蘭作家。諷刺文學大師，以《格列佛遊記》和《一只桶的故事》等作品聞名於世。

內心孤寂

晚年的斯威夫特內心十分孤獨，只和幾個親密的友人往來。他將全部積蓄的三分之一用於各種慈善事業，用另三分之一的收入爲弱智者蓋了一所聖派翠克醫院。親人去世，讓他更加孤獨，他還飽受疾病折磨。1745年10月19日，斯威夫特辭世，終年78歲，葬於聖派翠克大教堂。

不留情面

一次，斯威夫特外出旅行，途經一家客店歇腳。客店的女老闆認出了他，一心想取悅這位名人，便上前熱情地詢問他晚飯想吃點什麼：「想來點果肉餡餅嗎？或者醋栗餡餅？或是李子餡餅、葡萄餡餅、櫻桃餡餅……」

「除了叫喳喳的喜鵲肉餡餅外，什麼都行，太太。」斯威夫特打斷了她的話。

為空氣徵稅

英格蘭駐愛爾蘭總督的妻子卡特萊特夫人是斯威夫特的朋友，一天，他們在一起聊天，無意間，這位夫人讚歎起愛爾蘭的一切。

她強調說：「愛爾蘭的空氣太好了。」

一聽此話，斯威夫特馬上作手勢懇求道：「夫人，看在上帝的份上，請您千萬別在英格蘭講這句話。不然他們一定會爲這空氣徵稅的。」

浪遊者在法蘭克福

約翰·沃爾夫岡·馮·歌德

他是誰

約翰·沃爾夫岡·馮·歌德（1749年8月28日～1832年3月22日），是18世紀中葉到19世紀初德國和歐洲最重要的劇作家、詩人、思想家。歌德是魏瑪古典主義最著名的代表。而作爲戲劇、詩歌和散文作品的創作者，他是最偉大的德國作家，也是世界文學領域最出類拔萃的光輝人物之一。

畫家夢破碎

他年輕時夢想成爲著名畫家，在繪畫的同時他也開始了文學創作。但是在他看到義大利著名畫家的作品時，覺得自己無論如何努力都不可能與那些大師相提並論，於是開始專注於文學創作。

多情種

歌德是一個多情種，他一生談過十幾次戀愛，不過每當他不再愛著對方時，便會選擇逃跑。歌德第一次逃跑發生在大學時代，他和戀人吵了一架之後便決心離開。他在致友人的信中寫道：「我不能也不願拋棄這個女孩，永遠不會。然而我還是要走……我不給她留下任何希望。」然而，當女孩和別人好時，他卻陷入了絕望中，病倒了。

第二次不辭而別

21歲的歌德在郊外騎馬時被一個淳樸的女孩弗里德里卡所吸引，於是開始給她寫詩，並開始了自己的田園生活。這段戀情直到歌德對田園生活感到厭煩而宣告結束，他再一次不辭而別。由於急不可耐，歌德騎馬離去時，渾身都在顫抖，他感到「自己的靈魂顯得那麼齷齪」，他只是在信中向她告別。然而，癡情的弗里德里卡終身未嫁，在農村度過了孤寂的一生。

求愛失敗

1772年，歌德當了律師，在一次舞會上，他認識了朋友克斯特奈爾的未婚妻綠蒂。多情的歌德情不自禁地向她表白，然而，這一次歌德卻遭遇了尷尬。綠蒂把這件事告訴了未婚夫，歌德聽說後連「再見」都沒說一聲就逃走了。

打消自殺念頭

對於綠蒂的相思讓歌德一度想要自殺，但他的朋友因苦戀一個有夫之婦而自殺，這件事讓歌德大為震憾，打消了自殺的念頭。

負心人

歌德不僅是多情種，更是一個名符其實的負心人。他多次從相戀的女人那裡逃跑，而且習慣於不辭而別。雖然他也為此而愧疚，但卻從未停止過。

情定魏瑪

1788年，歌德從義大利回到魏瑪，在此，他遇到了以後的妻子克利斯蒂安。雖然兩人地位懸殊，但歌德不顧他人的反對很快與她同居了。

克利斯蒂安為歌德生了四個女兒，然而直到17年後，他們才舉行了婚禮。這還是因為克利斯蒂安在歌德有難時挺身而出，阻止了法軍的行刑。歌德為了表示感激，五天後與她正式結婚。

暮年之戀

結婚之後，歌德安定地生活了十餘年，然而多情的他並未結束自己的情史。在61歲時，歌德愛上了20歲的少女貝蒂娜，她是歌德過去情人的女兒，但這段戀情僅僅維持了幾個月，歌德再次逃走。

74歲時，歌德又愛上了19歲的少女烏麗莉卡。然而，這一次，是女孩嫌棄他太老了而逃走。

俄國文學之父

亞歷山大·謝爾蓋耶維奇·普希金

他是誰

亞歷山大·謝爾蓋耶維奇·普希金（1799年6月6日～1837年2月10日）是俄國著名的文學家、偉大的詩人、小說家，及現代俄國文學的創始人。19世紀俄國浪漫主義文學主要代表者，現實主義文學的奠基人，現代標準俄語的創始人，被譽爲「俄國文學之父」、「俄國詩歌的太陽」。

變相流放

普希金的某些作品引起了沙皇政府的不安，1820年他被外派到俄國南部任職，這其實是一次變相的流放。在此期間，他與十二月黨人的交往更加密切，參加了一些十二月黨的祕密會議。

不祥的徵兆

1831年，普希金與娜塔利婭結婚，他的妻子被譽爲「聖彼德堡的天鵝」。結婚當晚，普希金手中的蠟燭忽然熄滅，這讓他非常恐懼，彷彿預告了他不幸的將來。

「俄國詩歌的太陽沉落了」

普希金的創作和活動令沙皇政府越發頭痛，他們用陰謀詭計挑撥法國籍憲兵隊長丹特斯褻瀆普希金的妻子娜塔利婭·尼古拉耶芙娜·岡察洛娃，結果導致了1837年普希金和丹特斯的決鬥。在決鬥中，普希金身負重傷，1837年1月29日不治身亡，年僅37歲。他的早逝令俄國進步文人曾經這樣感歎：「俄國詩歌的太陽沉落了。」

如果普希金決鬥沒死，沙皇將下令絞死他

普希金死去之後，俄國社會盛傳，這是沙皇尼古拉一世蓄意製造的陰謀，想要借機除掉普希金。在俄羅斯國家軍事歷史檔案館發現的一批檔案，進一步揭開了關於普希金死亡的內幕。這份檔案資料，證實了沙皇在普希金死亡事件中扮演了極爲卑劣的角色。

普希金之妻——娜塔麗婭

普希金的妻子娜塔麗婭貌若天仙，正是爲了妻子，普希金才最終在決鬥中死去。爲此，娜塔麗婭飽受指責，人們紛紛指責她害死了普希金。

在重重壓力之下，娜塔麗婭帶著孩子們頑強地生活著。普希金逝世7年後，娜塔麗婭嫁給了淳樸善良的軍人蘭斯科依，然而內心的傷痛一直折磨著娜塔麗婭，鬱鬱寡歡的人生終於在她51歲時結束。臨終前，唯一使她感到欣慰的是，此時她和普希金所生的4個兒女都已長大成人。

俄羅斯的狄更斯

果戈里

他是誰

尼古萊·瓦西里耶維奇·果戈里（1809年4月1日～1852年3月4日）是俄羅斯作家，生於烏克蘭。

1842年，《死魂靈》一經出版，便「震撼了整個俄羅斯」，成爲俄羅斯文學走向獨創性和民族性的重要標誌。

國籍爭議

果戈里出生並成長於今日的烏克蘭，但他在出生之前烏克蘭就已經併入俄國，而且他的國籍是俄國，烏克蘭人與俄羅斯人爲此爭執不下。

寫作習慣

果戈里習慣於每日清晨寫作。在動筆之前，他總是默默地來回踱步，尋找靈感，這時決不允許被人打攪。一旦靈感到來，果戈里甚至會在屋子裡一連寫上好幾天。

喜歡旅行

果戈里非常喜歡旅行，旅途是他尋找靈感、醫治傷痛的靈丹妙藥。他在致舍維廖夫的信中寫道：「內容通常都是在旅途中展現出來並進入我腦海中的；全部情節幾乎都是在旅途中打好腹稿的。」

愛記筆記

果戈里是有名的「筆記迷」。他有一本厚達490頁的大型記事簿，名爲《萬寶全書》，實爲搜集創作素材的筆記本，裡面記錄著他所感興趣的一切，內容極爲豐富。出門時，他也會隨身攜帶一本袖珍筆記本，邊走邊記，隨時隨地記錄自己的觀察和感受。

自焚書稿

果戈里認爲上帝賦予他寫作的才能，是爲了讓他向俄國指明在一個罪惡的世界中該如何正確地生活，因此他對《死魂靈》的初稿非常不滿意，並親手燒毀了書稿，重新寫作。

果戈里之死

1848年，果戈里前往耶路撒冷朝聖，回來後，神父馬修斯．康斯坦丁諾夫斯基認爲他的作品在上帝的眼中是一種罪惡，要求燒掉他的第二部《死魂靈》書稿。

1852年2月24日，果戈里燒掉已經將近完成的第二部《死魂靈》，然後就病倒了。此後，果戈里拒絕進食，九天的煎熬過後，於3月4日辭世。

人們現在看到的《死魂靈》是出版商舍維廖夫根據他的遺

稿整理出來的，《死魂靈》的第三卷沒有寫出來。

果戈里被活埋？

果戈里被埋葬在莫斯科的頓斯科依修道院，修道院在1931年拆遷，蘇聯政府決定將他移葬到諾沃德維奇公墓。

移葬時，發現果戈里是面朝下葬在棺中的，因此便有了果戈里被活埋的傳說。

這些人擺出了自己的理由，就是果戈里去世前曾有嚴重的昏厥症狀，時常在沙發上昏睡幾天不醒。不過，以果戈里研究專家馬恩爲代表的學者們則對此持否定觀點。

頭顱之謎

一位名叫利金的人曾參與了果戈里棺槨遷移的過程，他在日記裡透露，果戈里的遺骸被禮服包裹著，但卻沒有頭顱。此事立即被上報給史達林，這樁盜墓案長期以來被列爲國家機密。當時傳言果戈里的頭骨是被一位收藏家在買通墓地管理人員後竊走的，但這一直未被證實。

真相大白

直到戈巴契夫時期，克格勃檔案才被部分揭秘，根據丹尼爾修道院修士們的審訊記錄，果戈里頭骨被竊一事真相大白，原來作家的顱骨在1909年就已被盜。

原來，修道院在對果戈里陵墓進行修繕時，當時莫斯科著名的戲劇家、收藏家、百萬富翁巴赫魯金不期造訪。此人醉心收藏，收藏的稀世珍品數不勝數。他成功說服修士們，出高價讓盜墓人偷出果戈里的頭骨。

據說，巴赫魯金把這件無價之寶藏在解剖學家專用的皮質手提包裡，包內還裝了很多解剖醫療器械。1929年，隨著巴赫魯金的故去，頭骨保存地點的祕密也隨他永遠地離開人間。

高產作家
查爾斯・狄更斯

他是誰

查爾斯・約翰・赫芬姆・狄更斯（1812年2月7日～1870年6月9日），英國維多利亞時期的著名小說家。他的作品對英國文學發展有深遠影響，至今依然盛行。主要作品包括《雙城記》、《霧都孤兒》等。

家道衰落

狄更斯家境還算富裕，小時候曾經在一所私立學校接受過一段時間的教育，但因父母經常大宴賓客，花錢無數，所以在狄更斯12歲時，父親就因債務問題而入獄，一家人也隨著父親遷至牢房居住。從此，狄更斯無法繼續讀書，他被送到倫敦一家鞋油場當學徒，每天工作10個小時。

正是由於這段艱辛、屈辱的悲慘經歷，讓狄更斯看盡人情冷暖，使他更關注處於社會最底層的勞動人民。

高產作家

狄更斯絕對是一位高產作家，他憑藉勤奮和天賦創作出一大批經典著作。狄更斯一生共創作了14部長篇小說，以及許多中、短篇小說和雜文、遊記、戲劇、小品。其中最著名的作品是描寫勞資糾紛的長篇代表作《艱難時世》（1854年）和描寫1789年法國革命的另一篇代表作《雙城記》（1859年）。

美國旅行

1841年，狄更斯去美國旅行，這次旅行讓他對美國大感失望。他在《美國劄記》（1842年）中揭露了美國社會的種種陰暗面：國家機關貪污腐敗，人民貧困，監獄中的囚犯受到慘無人道的對待等。尤其是對黑人的奴役，更加引起了他的憤慨。

晚年處境

狄更斯晚年非常不幸，辛苦的寫作損傷了健康，此外與妻子的不和也使他心情十分沮喪。對於資本主義危機的憂慮感，使他以近乎絕望的心情寫完小說《我們共同的朋友》（1865年）。

1870年6月9日，狄更斯因腦溢血去世，他的第一部偵探小說《艾德溫．德魯德之謎》未能完成。狄更斯去世之後被安葬在西敏寺的詩人角，他的墓碑上寫著：「他是貧窮、受苦與被壓迫人民的同情者；他的去世令世界失去了一位偉大的作家。」

前途迷茫

在靠碼字吃飯之前，狄更斯做過很多工作，例如法務學徒、速記員、戲劇表演者、記者等。狄更斯在各個行業之間頻繁跳槽，他對前途感到迷茫，曾經不斷追問自己該做什麼。他在20歲時想成爲一名演員，試鏡前他寫道：「瞧！我又可能過上另外一種生活了。」

對待家人像一個混蛋

狄更斯的性格十分霸道，狄更斯的女兒凱特回憶說，雖然她熱愛父親，但父親也確實是個混蛋。

狄更斯認爲妻子凱薩琳不再適合他，於是逼她分居並當面嘲諷她。狄更斯在45歲時愛上了只有18歲的女演員艾倫·特南，最後特南成了他的情婦。對於狄更斯來說，特南最吸引他的地方就是桀驁不馴的個性。

狄更斯在其後半生拋棄妻子，並殘忍地阻止孩子和她的妹妹去看望凱薩琳。

體會生活

一次，狄更斯家的女僕發現門口有一個乞丐，正在鬼鬼祟祟地朝家裡張望。她擔心是小偷，就到書房去找狄更斯，可是找了半天都不見蹤影。女僕慌了神，害怕乞丐闖入家中無法對付，就打算向鄰居求救，正當她要呼喊時，那個小偷模樣的乞丐，取下擋住臉的帽子，揭開圍在脖子間的破圍巾，露出了本來面目。

女僕大驚，原來這個乞丐模樣的人就是主人狄更斯。

「我要體會一下向人求乞的心情，瞭解一下乞丐的遭遇。」這是狄更斯後來的解釋。

偉大的民族詩人
米哈依爾·尤利耶維奇·萊蒙托夫

他是誰

米哈依爾·尤利耶維奇·萊蒙托夫（1814～1841年）是俄國詩人、作家，被視爲普希金的後繼者，別林斯基稱萊蒙托夫爲「偉大的民族詩人」。

義憤填膺

1837年2月，普希金在決鬥中重傷去世。萊蒙托夫憤然作《詩人之死》一詩，抨擊殺害普希金的罪魁禍首是俄國上流社會。這一舉動惹怒了高層，他因此被流放到高加索。1838年4月回到聖彼德堡原部隊。

再度流放

1840年新年，萊蒙托夫受邀參加上流社會的假面舞會，之後寫下《一月一日》一詩，引起上流社會的不滿。同年2月，沙皇政府挑唆他與法國公使之子巴蘭特決鬥，事後藉機將他逮捕。同年4月，他再次被流放到高加索。

衝突

1840年2月，萊蒙托夫與法國公使的兒子在一次舞會上發生衝突，原因是兩人都對謝爾巴托娃公爵夫人感興趣，而公爵夫人則更喜歡萊蒙托夫。雖然爭執以和解結束，但萊蒙托夫還是被交給了軍事法庭。1840年4月，萊蒙托夫再次被調往高加索。

英年早逝

在皮亞季戈爾斯克，萊蒙托夫找到了過去的老友，其中還有士官生學校的同學馬丁諾夫。一次，在韋爾濟林的家庭晚會上，萊蒙托夫的一句玩笑話惹怒了馬丁諾夫，激烈的爭吵過後，虛榮心很強的馬丁諾夫發出決鬥的挑戰。

萊蒙托夫對這個小爭執並未放在心上，接受了挑戰，他根本沒打算向同學開槍，結果自己卻被一槍打中心臟，當場死亡。外祖母將萊蒙托夫安葬在塔爾罕內的家族墓穴中。

現代現實主義戲劇的創始人
亨利克·約翰·易卜生

他是誰

亨利克·約翰·易卜生（1828年3月20日～1906年5月23日），生於挪威希恩，是一位影響深遠的挪威劇作家，被認爲是現代現實主義戲劇的創始人。

害怕連累

當易卜生開始因大量作品走紅以後，他的生活也不再像以前那樣窘迫，開始逐漸好轉。易卜生有40年不曾與貧窮的父親聯繫過，他在寫給舅舅的信中爲此辯解說，主要原因是家庭中落，然而他那時已經過得越來越好。易卜生越是富有，就越是不願意與家人接觸，因爲家人都是需要他幫忙的人。

此外，易卜生的兩個弟弟都過得十分艱苦，尼古萊·亞歷山大是個瘸子，生活極其窘困，易卜生從未相助。他的另一位弟弟奧勒·派於斯，先後做過水手、小店主和燈塔看守人，用微薄的收入艱難地養活蒼老的父親，也從未得到過易卜生的幫助。他的家人們先後在貧困中淒涼地死去。

私生子

1846年，18歲的易卜生在一家藥房工作，與那裡的一位比他大10歲的女僕艾爾絲・索菲金斯達特私通，生下一個男孩。此後，易卜生對這對母子不聞不問，從未支付過生活費用。後來，艾爾絲・索菲金斯達特眼睛瞎了，淒涼地死去。

而他的私生子雅各則過著貧困的生活，在最無助的時候，他去尋求父親的幫助。當雅各敲開易卜生的房門時，易卜生嚇壞了，眼前這個孩子竟然與自己長的「一模一樣」，爲此，他不得不承認這是自己的孩子。

易卜生給了男孩5個克郎，並對他說：「這是給你母親的，它對你們來說已足夠了！」易卜生並不知道此時漢斯・雅各的母親已與世長辭。從此，這對父子再也沒有見過面。

吝嗇自私

易卜生雖然擁有大量財富，但他把大部分錢都用來投資，過著極爲儉樸的生活。他的兒子（婚生子）西居爾問他爲什麼，易卜生的回答簡單而又直接：「睡得好而吃得不好比吃得好而睡得不好強。」

西居爾把易卜生與他母親的婚姻關係比喻爲一種工作上的合作關係，從無親情的垂顧。

美國文壇鉅子

馬克·吐溫

他是誰

馬克·吐溫（1835年11月30日～1910年4月21日），原名塞繆爾·朗赫恩·克列門斯，是美國的幽默大師、小說家、作家，亦是著名演說家。

筆名的由來

馬克·吐溫（MarkTwain）原名塞姆·朗赫恩·克列門斯，馬克·吐溫是他最常用的筆名，關於這個筆名的來歷有兩個不同的版本：通常意義上認為這個筆名來自其早年水手生涯，意思是「兩個標記」，亦即水深兩潯，水流平穩（1潯約1.8米），這是輪船安全航行的必要條件。

另一種說法是當年他在美國西部流浪時，經常在酒店買酒兩杯，並要求酒保在帳單上記「兩個標記」。然而，孰真孰假，或兩者皆虛，則無從稽考。

愧疚

馬克·吐溫曾說服弟弟亨利·克列門斯與他在密西西比河上工作，結果亨利工作的那艘輪船爆炸，亨利於1858年6月21日去世。馬克·吐溫在亨利死前一個月曾經夢到了亨利的死亡，這讓他感到十分內疚，餘生都陷入深深的自責之中。

傳奇人生

馬克・吐溫的一生極具傳奇色彩，1835年他降生的那一年，哈雷彗星曾劃過長空。後來，馬克・吐溫爲自己預言，當1910年哈雷彗星再次出現時，他會隨它離世。果然，那年4月19日，彗星真的劃過天空，他也在第二天離開人世。

國會議員是混蛋

馬克・吐溫因爲不滿國會議員通過某項法案，於是在報紙上發表一則通告：一半國會議員是混蛋。報紙一發出，他就接到無數抗議電話。馬克・吐溫無奈，只好重新登了一則通告：對不起，我錯了，有一半國會議員不是混蛋！

提防蚊子

一次，馬克・吐溫去某地投宿旅館，友人事先告知他那裡的蚊子很厲害。登記房間的時候，正好有一隻蚊子飛來，馬克・吐溫便開玩笑說：「早聽說貴地蚊子十分聰明，果不其然，它竟會預先來看我登記的房間號碼，以便晚上對號光臨，飽餐一頓。」服務員聽後不禁大笑。結果那一夜馬克・吐溫睡得很好，因爲服務員也記住了他房間的號碼，提前進房做好滅蚊防蚊的工作。

小錯與大錯的區別

有人曾問馬克・吐溫：「小錯與大錯有什麼區別？」馬克・吐溫舉了個例子：「如果你從餐館裡出來，把自己的傘留在那兒，而拿走了別人的傘，這叫小錯。但是，如果你拿走了別人的傘，而把自己的傘留在那裡，這就叫大錯。」

沒關係，我戴著手套呢

馬克・吐溫在著名畫家惠斯勒的畫室參觀時，伸手去摸一幅油畫。惠斯勒見狀大喊：「當心！難道你看不出這幅畫還沒乾嗎？」

「啊，沒關係，反正我戴著手套呢！」馬克・吐溫答道。

自然主義奠基人
埃米爾・左拉

他是誰

埃米爾・左拉（1840年4月2日～1902年9月29日），19世紀法國最重要的作家之一，自然主義文學的代表人物，亦是法國自由主義政治運動的重要角色。

生活拮据

年輕的時候，左拉很窮，經常忍饑挨餓，爲了塡飽肚子，他在屋頂上捉麻雀，然後用鐵絲將麻雀串起來烤著吃；爲了持續寫作，他把僅有的幾件衣服也拿去當鋪當了，只能用被子來禦寒。有時候偶爾得到一根蠟燭頭，左拉也會非常興奮，因爲他又可以讀書寫作到深夜了。

被迫逃亡

1898年1月13日，左拉因爲在巴黎日報《曙光》上發表小說指責政府而遭到控訴，被判有罪。爲此，左拉被迫逃往英國。左拉聲稱，自己和因莫須有的「間諜罪」而入獄的猶太上尉德萊弗斯的兩起案件的判決結果都是誤判。

死於煤氣中毒

1902年9月28日，左拉因煤氣中毒在巴黎的寓所與世長辭。左拉真正的死因一直被外界揣測，有人認爲是自殺，有人則認爲是政敵謀殺。

口齒不清

據說，左拉小時候咬字不清，直到上小學時，口齒依然不伶俐。第一次到學校報到，他竟然將自己的名字說成「索拉」。因此，在這以後很長一段時間裡，同學們都取笑他爲「索拉」。

短篇小說之王

居伊·德·莫泊桑

他是誰

居伊·德·莫泊桑（1850年8月5日～1893年7月6日），19世紀後半期法國優秀的批判現實主義作家，曾拜法國著名作家福樓拜爲師。一生創作了6部長篇小說和350多篇中短篇小說，遊記3部。他的文學成就以短篇小說最爲突出，與契訶夫和歐·亨利並稱爲世界三大短篇小說巨匠，對後世產生了極大影響，被譽爲「短篇小說之王」。

訓練觀察力

莫泊桑聽從福樓拜的建議，每天騎馬跑圈，把自己所看到的一切記下來，以此鍛煉觀察力。此外，福樓拜還讓他聽街上的馬車聲來訓練觀察力。

對女人的成見

莫泊桑喜歡划船和游泳。18歲時，他在家鄉的海灘上看到很多身著泳衣的女人。他貪婪地盯著她們，並被一位名叫法妮的女孩深深吸引。莫泊桑毫不遲疑地寫了一首詩獻給法妮，以此表達自己的愛意。不料，幾天後當莫泊桑找到法妮時，發現她正和幾個年輕男子嘲笑著他寫的詩。

莫泊桑震怒，從此對女人產生成見，認為她們在世界上存在的唯一理由就是滿足男人的情欲。

空虛寂寞

莫泊桑於1872年3月開始在海軍部任小職員，7年之後，他又輾轉到公共教育部，直到1881年完全退職。在那段空虛無聊的日子裡，莫泊桑染上了惡習，私生活放蕩，整日吃喝玩樂，嫖妓宿娼，這也為日後的早亡埋下了禍根。

荒淫無度

在做小職員的日子裡，為了打發無聊的時間，莫泊桑與五個酷愛水上運動的夥伴購買了一艘遊艇，並取名「玫瑰之葉號」。他們經常帶女子到船上尋歡作樂，荒淫無度，他們甚至交換性伴侶，互相攀比。莫泊桑最喜歡鄉下的漂亮女孩，原因是她們打扮樸素，體態豐滿而頭腦簡單。

貴婦寵兒

莫泊桑雖然來自諾曼第的農村，但隨著他在國內名聲大噪，社交圈子不斷擴大，越來越受貴婦人的寵愛。由於平時習慣與平民女子和妓女交往，剛到巴黎時，他甚至不懂禮節，如何與貴婦人打交道，如何稱呼這樣的禮節性問題都要請教福樓拜。

性慾極強

莫泊桑的性慾極強，他不斷尋找新的性伴侶。他承認：「我不愛她們，但她們逗我高興。我覺得她們把我迷住了……」他被女人弄得暈頭轉向，因爲他的生活中不能缺少女人。

據美國作家弗蘭克·哈里斯在《我的生活與愛情》一書中的描述：「莫泊桑多次跟我說，只要是他看上的女性，就一定能抱在懷裡。」「他堅持說，我做過兩三回直到20回，疲勞都是一樣的。」

病入膏肓

莫泊桑早就有神經痛的徵兆，他長期與病魔鬥爭，堅持寫作。在巨大的勞動強度下，莫泊桑也不曾收斂放蕩的生活，這使他逐漸病入膏肓。在1891年之後，莫泊桑越發喜歡孤獨的生活，終於導致精神失常。加之早年患上的梅毒，莫泊桑非常痛苦，曾經試圖自殺。1893年併發精神病症，7月6日逝世於巴黎巴塞精神病院，享年43歲。

20世紀的莫里哀

喬治·伯納德·蕭

他是誰

蕭伯納（1856年7月26日～1950年11月2日），全名喬治·伯納德·蕭，愛爾蘭劇作家，1925年「因爲作品具有理想主義和人道主義」而獲得諾貝爾文學獎。他是英國現代傑出的現實主義戲劇作家，是世界著名的幽默與諷刺語言大師。

不負責任的父親

蕭伯納的童年、青年時代是非常不幸的，他的父親不僅形象醜陋，而且極爲懶惰，沒人願意與他打交道。每一天，蕭伯納的父親都喝得酩酊大醉，老婆孩子的事情一概不管。

坎坷文學路

蕭伯納的寫作生涯並不順利，他先後寫了5部長篇小說，全部被60家出版社拒絕，這令他深感沮喪。蕭伯納在長達9年的時間裡所得的稿酬不過6英鎊，其中5英鎊還是代寫賣藥廣告的報酬。

克服害羞

蕭伯納小時候十分害羞，從來不敢在大庭廣眾之下說話，爲了克服這個缺點，他參加了一個叫「考求者學會」的辯論會，透過努力成爲了一名演講家。

一生的污點

蕭伯納曾經在媒體上公開支持希特勒，他支持大規模屠殺，不同的是他贊成按類別，而不是種族。蕭伯納認爲，那些對社會無用的人是沒有價值的。他在倫敦的報紙上發表文章，要求化學家發明一種「人道氣體」。

「我呼籲化學家去發明一種『人道氣體』。這種氣體將快速地、無痛苦地殺死人。這樣的死亡將變得人道而不是殘忍。」

貴婦的歲數

一位年過半百的貴婦問蕭伯納：「您看我有多大年紀？」

「看您晶瑩的牙齒，像18歲；看您蓬鬆的捲髮，像19歲；看您扭捏的腰肢，頂多14歲。」蕭伯納一本正經地說。

貴婦人十分高興：「您能否準確地說出我的年齡？」

「請把我剛才說的三個數字加起來！」

「婉言謝絕」

一位著名的舞蹈家曾經給蕭伯納寫信說：「以我的外貌和你的智慧，如果我們相結合，那麼對後代和優生學都是件好事。」

蕭伯納在回信中「婉言謝絕」：「那個孩子如果只有我這樣的外貌和你那樣的智慧，那可就糟糕透了。」

喜好駕車

蕭伯納很喜歡自己駕駛汽車。一天，他讓司機坐在一邊，自己饒有興趣地駕駛汽車，並和一旁的司機談起他新近構思的一個劇本。

突然，司機奪過了方向盤。

「您怎麼啦？」事出突然，作家感到驚訝。

「請原諒，」司機說，「你的劇本妙極了，但是我真不想讓你在沒寫完之前就把命送掉。」

揚名四海

一次，蕭伯納在街上被一個騎車的人撞倒在地，騎車人急忙扶起他，連連道歉，可是蕭伯納卻作出惋惜的樣子說：「你的運氣不好，先生，你如果把我撞死了，你就可以名揚四海了！」

驕傲的小女孩

一次，大名鼎鼎的蕭伯納從蘇聯訪問回來，他對朋友們講了一個故事。

「有一天我在街頭遇見一個蘇聯小女孩，她十分可愛，我和她玩了一會兒，臨別的時候，我對他說：『回去告訴你媽媽，就說今天和你玩的是世界有名的作家蕭伯納先生。』而小女孩聽了我的話，竟然學著我的口吻說：『回去告訴你媽媽，就說今天和你玩的是蘇聯小女孩娜塔莎。』」

拍賣親筆信

美國婦女和平行動委員會曾寫信給蕭伯納，請他捐贈一本親筆簽名的書用於捐款義賣。蕭伯納回信婉言拒絕說：「我覺得這種應該由聯合國進行的事業，對於你們小小的婦女行動委員會來說真是太大了。」

結果，委員會竟然拍賣了這封信，得到了170美元，而當時一本蕭伯納親筆簽名的書僅售70美元。

福爾摩斯之父

亞瑟·柯南·道爾

他是誰

亞瑟·柯南·道爾（1859～1931年），英國著名小說家，偵探懸疑小說的鼻祖。因他在小說中成功塑造了偵探人物夏洛克·福爾摩斯，而成為偵探小說歷史上最有影響力的小說家之一。此外他還曾寫過多部其他類型的小說，如科幻、懸疑、歷史小說、愛情小說、戲劇、詩歌等。

棄醫從文

柯南·道爾本是一名醫生，畢業於愛丁堡醫科大學，行醫10餘年。道爾畢業後曾作為一名隨船醫生前往西非海岸工作，1882年回國後在普利茅斯開業行醫。不過他的行醫生涯並不太順利，在此期間道爾開始寫作。1891年，道爾棄醫從文，成為一名偵探小說家。

殺死福爾摩斯

1894年，柯南·道爾決定停止寫偵探小說，他準備在《最後一案》中結束福爾摩斯的性命。他曾經在一封給母親的信中寫道，「我考慮殺掉福爾摩斯……把他幹掉，一了百了。他佔據了我太多的時間。」

不料，小說的結局引發了讀者的強烈不滿，無奈之下，道爾只得在《空屋》中讓福爾摩斯死裡逃生，繼續這個虛擬人物的傳奇經歷。

道爾一生共寫了56篇短篇偵探小說和4部中篇偵探小說，都以福爾摩斯爲主角，他塑造的福爾摩斯已成爲全世界家喻戶曉的人物，就連他的辦公場所——倫敦貝克街221號B也成了熱門的旅遊景點。

客串門將

傳說柯南·道爾在南海城期間，曾參與了朴茨茅斯足球俱樂部的籌建，並成爲該俱樂部第一位守門員。其實，他只是1882～1884年間在當地朴茨茅斯協會足球俱樂部（AFC）擔任過業餘門將並時常客串後衛。

趣答作者

柯南·道爾曾當過雜誌編輯，每天要處理大量退稿。一天，他收到一封信，信上寫道：「您退回我的小說，但我知道您並沒有把小說看完，因爲我故意把幾頁稿紙粘在一起，您並沒有把它們拆開，您這樣做是非常不好的。」

柯南·道爾在回信中說：「如果您的早餐盤子裡放著一顆壞雞蛋，您大可不必把它吃完才能證明這顆雞蛋變味了。」

現實版的福爾摩斯

有一次，柯南·道爾在巴黎上了一輛出租馬車。他先把旅行包扔進車裡，然後爬了進去，但還沒有等他開口，司機就問：「柯南·道爾先生，您上哪兒去？」

「你認識我？」作家有點詫異地問。

「不，從來沒有見過。」

「那麼，你怎麼知道我的名字？」

「我是從報紙上看到你在法國南部度假的消息，你剛剛走下從馬賽開來的火車，我發現你的皮膚黝黑，說明你在陽光充足的地方待了一段時間，又從你右手指上的墨水漬來推斷，你肯定是一個作家；另外，我看見你外科醫生般敏銳的目光，而且穿著英國式樣的服裝。因此，我推測你就是柯南·道爾！」

柯南·道爾大驚：「太厲害了，你就是現實版的福爾摩斯啊！」

「哪裡，您高抬我了。」趕車人說，「還有一個小小的事實。」

「什麼事實？」

「旅行包上寫有你的名字。」

索要照片

一次，柯南·道爾收到一封從巴西寄來的信，信中寫道：「有可能的話，我很希望得到一張您親筆簽名的照片，我將把它放在我的房內。這樣，不僅我可以每天都見到您，我堅信，若有賊進來，一看到您的照片，肯定會嚇得跑掉。」

三大短篇小說巨匠之一

安東·巴甫洛維奇·契訶夫

他是誰

安東·巴甫洛維奇·契訶夫（1860～1904年），俄國小說家、戲劇家，19世紀末期俄國批判現實主義作家、短篇小說藝術大師。他和法國的莫泊桑、美國的歐·亨利齊名爲三大短篇小說巨匠。

「很久沒喝香檳了」

1904年6月，契訶夫因肺炎病情惡化，前往德國的溫泉療養所療養。1904年7月15日，一個普通的夏日午夜，病入膏肓的契訶夫接過妻子克尼碧爾遞過來的一杯香檳，用德語說著「我就要死了」，然後拿起酒杯，微笑著留下最後一句話：「很久沒喝香檳了。」

喝完香檳酒之後，契訶夫側身躺下，再也沒有醒來。最終，他的遺體被運回莫斯科安葬。

敬畏托爾斯泰

契訶夫非常敬畏托爾斯泰，一次，他爲了去見托爾斯泰，花了將近一個鐘頭的時間來決定穿什麼樣的褲子，一會兒穿這條褲子，一會兒又換上另一條褲子。

「不，這條褲子窄得不像話！」他說，「他會以為我是個下流作家。」

於是他進去換了一條，又走出來，笑著說：「這一條又寬得跟黑海一樣！他會想我是個無賴……」

契訶夫對托爾斯泰的敬畏之心由此可見一斑。

喬裝打扮

契訶夫從小就喜歡戲劇，但是當時社會上把戲劇看成是傷風敗俗的東西，中學生如果得不到校長的證明信是不准踏進戲院大門的。如果僥倖溜進劇場，被值日的學監發現了，就要受到處分。

為了看戲，契訶夫每次進劇場之前，都要喬裝打扮一番，把長鬍子或者大鬢角粘在臉上，然後戴上深色眼鏡。這樣，就能輕鬆地蒙混過關了。

第一筆收入

沒人能想到，契訶夫的第一筆收入竟然是這樣得到的：一天，他打扮得像個乞丐，並親筆寫了一封乞討信，找到叔叔。而叔叔居然沒有認出眼前的「小乞丐」竟是自己的親侄子。看過信後，心生憐憫，於是施捨給他幾個小錢。

人世間的挑剔者

威廉·薩默塞特·毛姆

他是誰

威廉·薩默塞特·毛姆（1874年1月25日～1965年12月16日），英國現代小說家、劇作家。

悲慘童年

毛姆出生於巴黎的英國大使館，8歲時母親去世，悲傷的毛姆把母親的一幅相片保留在床邊直到逝世；10歲時，父親勞伯特·奧蒙得·毛姆（大法官）去世，他繼承了一筆每年300鎊的遺產。

飽受欺辱

父母去世後，毛姆由伯父撫養，他進了坎特伯雷皇家公學學習。在學校，由於身材矮小，而且患有嚴重的口吃，經常受到同學們的嘲笑與欺凌，有時還遭到學究的無端羞辱。孤獨淒清的童年生活，在他稚嫩的心靈上烙下了痛苦的陰影，從此他養成了孤僻、敏感、內向的性格。

同性戀傾向

毛姆晚年曾解釋年輕時的性傾向：「我是1/4正常，3/4同性戀。不過我盡力想說服自己是3/4正常，1/4同性戀。那是我最大的錯誤。」正如毛姆所說，這樣的錯誤造成他與一個性格倔強的女子結婚，兩人經常因爲金錢問題以及女兒的教育問題發生爭吵，不久便離婚。

真正的性伴侶

毛姆真正的性伴侶實爲一位英俊放蕩的美國男子，名叫哈克斯登，此人放蕩不羈的行爲尤其吸引毛姆，如酗酒、咒罵、撒謊、賭博、勾引同性戀、拉皮條等。

毛姆與哈克斯登親密無間，一起周遊世界，並搜羅大量「奇聞逸事」，而這些故事則成爲毛姆日後小說創作的源泉。

好聽是非

毛姆非常善於觀察，而且喜好打聽是是非非。他擅長竊聽路人談話，從中捕獲寫作細節。在去友人家裡做客時，他會仔細聆聽，往往將他人家事寫進小說，甚至連當事者的名字也照搬如常。毛姆還爲此吃過官司，被人們所不恥。

如此宣傳

毛姆曾出版了一部很有價值的書稿，但卻無人問津。爲了宣傳造勢，毛姆別出心裁地在各大報刊上登了如下的徵婚啓事：

「本人喜歡音樂和運動，是個年輕又有教養的百萬富翁，希望能和毛姆小說中的主角完全一樣的女性結婚。」

幾天之後，全倫敦的書店，就再也買不到毛姆的書了。

被放棄的情人

毛姆80歲時曾收到一位女性讀者的來信，寫信的人是位年輕的女性，她在信中寫道：「我讀了你的作品，覺得你一定是一個了不起的大情人，很想愛你。後來我查閱《名人大辭典》，發覺你比我的祖父年紀更大，我只好放棄這念頭了。」

毛姆後來說：「由此可知，愛情絕不是屬於精神的，而是與肉體分不開的。」

微歷史：世界名人經典小故事(上)　（讀品讀者回函卡）

■ 謝謝您購買本書，請詳細填寫本卡各欄後寄回，我們每月將抽選一百名回函讀者寄出精美禮物，並享有生日當月購書優惠！想知道更多更即時的消息，請搜尋"永續圖書粉絲團"

■ 您也可以使用傳真或是掃描圖檔寄回公司信箱，謝謝。

傳真電話：(02) 8647-3660　　信箱：yungjiuh@ms45.hinet.net

◆ 姓名：　　□男　□女　　□單身　□已婚

◆ 生日：　　□非會員　　□已是會員

◆ E-Mail：　　電話：(　)

◆ 地址：

◆ 學歷：□高中及以下　□專科或大學　□研究所以上　□其他

◆ 職業：□學生　□資訊　□製造　□行銷　□服務　□金融
□傳播　□公教　□軍警　□自由　□家管　□其他

◆ 閱讀嗜好：□兩性　□心理　□勵志　□傳記　□文學　□健康
□財經　□企管　□行銷　□休閒　□小說　□其他

◆ 您平均一年購書：□ 5本以下　□ 6～10本　□ 11～20本
□ 21～30本以下　□ 30本以上

◆ 購買此書的金額：

◆ 購自：　　市(縣)
□連鎖書店　□一般書局　□量販店　□超商　□書展
□郵購　□網路訂購　□其他

◆ 您購買此書的原因：□書名　□作者　□內容　□封面
□版面設計　□其他

◆ 建議改進：□內容　□封面　□版面設計　□其他

您的建議：

剪下後傳真、掃描或寄回至「22103新北市汐止區大同路三段194號9樓之1讀品文化收」

221-03

新北市汐止區大同路三段194號9樓之1

讀品文化事業有限公司　收

電話/(02)8647-3663　傳真/(02)8647-3660

劃撥帳號/18669219　永續圖書有限公司

請沿此虛線對折免貼郵票或以傳真、掃描方式寄回本公司，謝謝！

讀好書品嘗人生的美味

微歷史：世界名人經典小故事(上)